V&R

Dienst am Wort

Die Reihe für Gottesdienst und Gemeindearbeit

79
Ostern

Verlag Vandenhoeck & Ruprecht
in Göttingen

Ostern

Verkündigung, Liturgie, Feier

Herausgegeben von
Wolf Dietrich Berner

Verlag Vandenhoeck & Ruprecht
in Göttingen

Die Deutsche Bibliothek – CIP-Einheitsaufnahme

Ostern : Verkündigung, Liturgie, Feier /
hrsg. von Wolf Dietrich Berner. – Göttingen:
Vandenhoeck und Ruprecht, 1998
  (Dienst am Wort; 79)
  ISBN 3-525-59343-0

Satz: Grohs, Landolfshausen.
Druck und Bindearbeit: Hubert & Co., Göttingen.

Inhaltsverzeichnis

I. EINFÜHRUNG
BIBLISCHE GRUNDLAGE – OSTERFEST UND OSTERBRÄUCHE

II. OSTERN FEIERN
GOTTESDIENSTENTWÜRFE – LITURGISCHE ELEMENTE

III: Predigten – Bildbetrachtungen –
Kurzandachten – Bibelarbeit

Die Autorinnen und Autoren

Superintendent Dr. Wolf Dietrich Berner, Bleckede

Pfarrer Heinz-Günter Beutler-Lotz, Dienheim

Rektor Dr. Wolfgang Dietzfelbinger, Neuendettelsau

Pastor Reinhard Franz, Berge

Pfarrer und Studienleiter Bernhard von Issendorff, Wiesbaden

Pastor Dr. Kurt Liedtke, Northeim

Pastorin Franziska Müller-Rosenau, Hannover

Pfarrerin Annegret Puttkammer, Wiesbaden

Pfarrer Detlef Puttkammer, Wiesbaden

Pastor Dr. Erich Rüppel, Rellingen

Pastorin Renate Stäblein, Wedemark

Vorwort

Die Begegnung mit dem auferstandenen Jesus Christus verändert das Leben der Menschen und bringt sie neu auf den Weg. Davon erzählt die Bibel lebendig. Und diese Botschaft – die »Mitte des Evangeliums« – heute zu hören und weiterzusagen, das bedeutet zugleich: Ostern zu feiern.

Dazu möchten die verschiedenen Beiträge dieses kleinen Buches anregen. Die biblische Botschaft in ihren verschiedenen Formen wahrzunehmen, doch dann den volkstümlichen Überlieferungen nicht krampfhaft zu konfrontieren, sondern den Symbolgehalt einzelner Bräuche neu zu entdecken: Dazu lädt der erste Teil ein.

Wie wir die Osternacht festlich begehen, Familiengottesdienste feiern und verschiedene liturgische Elemente einbeziehen können: Davon handelt der nächste Abschnitt des Buches.

Im Anschluß daran stellen wir unterschiedliche Verkündigungsformen vor und beziehen dabei auch Liedpredigten und Bildbetrachtungen ein.

Den Autorinnen und Autoren, mit denen ich auch durch die gemeinsame Arbeit an den Homiletischen Monatsheften verbunden bin, sei herzlich gedankt. Möge unser Buch dazu beitragen, das größte Fest der Christenheit mit Freude zu gestalten.

Bleckede, im Oktober 1997   *Wolf Dietrich Berner*

I. Einführung

Biblische Grundlage – Osterfest und Osterbräuche

»Der Herr ist wahrhaftig auferstanden«

Zur Überlieferung der Osterbotschaft im Neuen Testament

Vorbemerkung:

»Der Herr ist auferstanden« – ein Bekenntnisruf
im Gottesdienst

»Der Herr ist auferstanden, er ist wahrhaftig auferstanden«, so singen wir im Ostergottesdienst. Damit nehmen wir Bibelworte auf (Lk 24,6.34) und rahmen sie durch den Halleluja-Ruf zugleich ein. Der Kantor intoniert, die Gemeinde stimmt ein, dann singt der Chor den biblischen Vers, und darauf antworten wiederum alle mit dem Halleluja. Und in dieser liturgischen Form spiegelt sich eine Bewegung:

»Der Herr ist auferstanden, er ist wahrhaftig auferstanden. Halleluja.« Diese Worte sind mehr als eine nüchterne Feststellung, sie machen vielmehr deutlich: Wir nehmen ein Bekenntnis auf; und das sprechen wir nicht einzeln vor uns hin. Sondern als Gemeinde stimmen wir miteinander einen Lobgesang an. Wir haben allen Grund, Gott zu preisen – denn Er hat Jesus Christus von den Toten auferweckt.

»Christus ist auferstanden« – dieser Satz ist besonders den orthodoxen Christen bis heute als Ostergruß vertraut. Wer am Auferstehungsmorgen so angesprochen wird, der antwortet darauf: »Er ist wahrhaftig auferstanden«.Und daran wird anschaulich: Dieses Bekenntnis gewinnt seine Aussagekraft gerade im Dialog. Als Erkennungszeichen verbindet es Christen miteinander, bringt Freude und Zuversicht zum Ausdruck.

Allerdings: Wer die Passionszeit bewußt erlebt und den Gottesdienst am Karfreitag mitgefeiert hat, der wird besonders spüren, was dieser Ostergruß vermittelt: Der Weg Jesu Christi nach Golgatha, sein entsetzlicher Tod – einsam am Kreuz – und dann diese Botschaft – was für eine Wandlung!

Wie es dazu kommt, das bezeugt die Bibel – die Ur-Kunde des Glaubens.

»Der Herr ist auferstanden« – Überlieferungsformen dieser Botschaft im Neuen Testament

Zunächst gilt es, sich bewußt zu machen: Das Osterereignis selbst hat niemand gesehen. Es gibt keine »unbeteiligten« Menschen, die als neutrale Beobachter von Jesu Auferstehung berichten. Sondern: Wer davon spricht, bekennt sich zu ihm, dem gekreuzigten und auferstandenen Herrn – und gibt dieses Zeugnis anderen weiter.

Dabei lassen sich drei Grundformen unterscheiden:
– Bekenntnisse und Hinweise auf Erscheinungen des Auferstandenen,
– Begegnungen mit dem auferstandenen Herr, in Erzählungen entfaltet,
– Die Überlieferung von der Entdeckung des leeren Grabes.

1. Bekenntnisse

Eine sehr alte Überlieferung – 1. Korinther 15,3–5

»Der Herr ist wahrhaftig auferstanden«, das sagen die Jünger, als die beiden Wanderer von Emmaus nach Jerusalem zurückgekehrt sind (Lk 24,34). Und damit überliefert der Evangelist Lukas offensichtlich ein altes Bekenntnis. Wichtig ist die Fortsetzung des Satzes: »… und Simon *erschienen*«.

Der auferstandene Jesus Christus ist Simon Petrus erschienen: Mit dieser Formulierung werden wir auf eine wichtige Spur geführt. Den gleichen Begriff »ist erschienen« verwendet Paulus im ersten Korintherbrief. Damit nimmt er ebenfalls ein altes Bekenntnis auf – eine Formulierung, die sicherlich im Gottesdienst, möglicherweise auch bei der Taufe, verwendet wurde. Wahrscheinlich ist das die älteste Zusammenfassung des Evangeliums von Jesus Christus, die uns überhaupt vorliegt:

»Denn vor allem habe ich euch überliefert, was ich auch empfangen habe, nämlich
daß Christus gestorben ist für unsere Sünden nach der Schrift
und daß er begraben wurde
und daß er auferweckt (worden) ist am dritten Tage nach der Schrift
und daß er dem Kephas *erschienen* ist, dann den Zwölfen.«

(1. Kor 15,3–5, nach der Übersetzung von F. Lang)

Diese alte Bekenntnis-Formulierung wurde später erweitert, von Paulus dann nochmals ergänzt, und so heißt es in V. 6–8:

»Danach *erschien* er mehr als fünfhundert Brüdern auf einmal, von denen die meisten bis jetzt leben; einige aber sind (bereits) entschlafen.
Danach *erschien* er dem Jakobus, danach den Aposteln allen.
Zuletzt aber von allen *erschien* er, gleichsam als der Fehlgeburt, auch mir.«

(Lang, 208; vgl. Kittel, II, 24)

Richten wir unser Augenmerk auf den ersten Teil – das älteste Bekenntnis -, dann wird deutlich: In äußerster Kürze sind die wesentlichen Aussagen miteinander verbunden: Kreuzigung und Auferstehung gehören zusammen; Christus ist gestorben, begraben und auferweckt worden. Allerdings: Sein Tod ist nicht das tragische Ende eines gescheiterten Weges, sondern: Er ist gestorben *für unsere Sünden* nach der Schrift – so, wie es besonders der Prophet Jesaja zur Sprache gebracht hat (Kap. 53).

Christus ist *wirklich* gestorben, denn er wurde begraben. Und er ist – wiederum entsprechend dem Zeugnis der Schrift (vgl. Hos 6,2) – *wirklich* auferweckt worden; denn er ist dem Kephas (= Petrus) *erschienen*, danach den zwölf Jüngern. Dabei wird durch die Passiv-Form »ist auferweckt worden« umschrieben: Gott hat Jesus Christus auferweckt.

»Ist erschienen« – ein Hinweis auf Gottes Offenbarung

Wichtig ist es nun, dem Begriff »ist erschienen« genauer nachzugehen: Diese Passivform des Verbs »sehen« weist bereits in der griechischen Übersetzung des Alten Testaments – in der Septuaginta – auf Gottes Offenbarung hin. So heißt es z.B.: »Gott erschien dem Abraham und sprach ...« (1. Mose 12,7). Oder: Mose, der von Gott berufen ist, soll seinen Auftrag den Ältesten Israels mit den Worten deutlich machen: »Der Herr, der Gott eurer Väter, ist mir erschienen ... und hat gesagt ...« (2. Mose 3,16). Diese Erscheinungen lassen sich nicht präzise schildern, sondern nur annähernd umschreiben. Dabei geht es niemals ausschließlich um visuelle Eindrücke, vielmehr wird deutlich: Gott *begegnet* einem Menschen, gibt sich zu erkennen, und das schließt eine Wort-Offenbarung sowie einen Auftrag ein.

Folgen wir dieser Spur, dann kommt in dem ältesten christlichen Bekenntnis zum Ausdruck: Jesus *begegnet* dem Petrus und den zwölf Jüngern als der Auferstandene; sie erfahren seine Gegenwart; er offenbart sich ihnen. In diesem Sinne sagt Lukas in der Apostelgeschichte:

»Ihnen (nämlich den Aposteln, die er erwählt hatte) *zeigte* er sich nach seinem Leiden durch viele Beweise *als der Lebendige.*«

(Kap. 1,3; vgl. Michaelis, 359; Kittel, II, 25; Stuhlmacher, 172f.; Lang, 212)

Diese Erfahrung schließt gewiß visuelle Elemente ein, ist aber nicht darauf beschränkt. Entscheidend bleibt die *Begegnung* mit dem Auferstandenen. Und dies konnten nicht nur Petrus und der engere Jüngerkreis erleben. Sondern Christus *erschien* danach fünfhundert Brüdern auf einmal, dann allen Aposteln – und zuletzt dem Paulus, »gleichsam als der Fehlgeburt«.

Der Auferstandene begegnet Menschen und ruft sie zugleich in seinen Dienst

Für all diese Erscheinungen gilt, was Paulus an anderer Stelle über seine eigene Erfahrung sagt:

»Daß Gott seinen Sohn offenbarte in mir.«

Und dabei ist wiederum die Fortsetzung entscheidend:

»damit ich ihn durchs Evangelium verkündigen sollte« (Gal 1,16; vgl. Apg 9,1–6)

Der auferstandene Herr begegnet Menschen, gibt sich ihnen als der Lebendige zu erkennen und ruft sie zugleich in seinen Dienst.

»Der Herr ist auferstanden« – dies zu bekennen, heißt zugleich: auf die Auferstehung der Toten zu hoffen

Die Auferweckung Jesu Christi und die Auferstehung der Toten gehören unbedingt zusammen. Das macht Paulus gerade im 15. Kapitel des 1. Korintherbriefes sehr deutlich (V. 12–20). Ostern ist also kein Ereignis, das als spektakuläres Geschehen für sich allein verstanden werden kann. Vielmehr gilt: Was Gott verheißen hat, das konnte mit der Auferweckung Jesu Christi bereits beginnen. Gott hat die Macht, Tote zum Leben zu erwecken, neues Leben zu schaffen. Das bezeugen die späten Schriften des Alten Testaments (vgl. Ps 73,24–26; Jes 24–27; Dan 12). Und mit dieser Auferstehungshoffnung leben die meisten Juden zur Zeit Jesu – auch und gerade die Pharisäer.

Doch nun bringen die Christen mit ihrem Bekenntnis etwas Neues – ja Unerhörtes – zum Ausdruck: Gott *hat* Jesus Christus auferweckt und damit den neuen Äon, die neue Welt bereits anbrechen lassen. Deshalb muß Paulus den Korinthern schreiben:

»Wenn aber von Christus verkündigt wird, daß er von den Toten auferweckt ist, wie können dann einige unter euch sagen: es gibt keine Auferstehung der Toten?
Wenn es keine Auferstehung der Toten gibt, dann ist auch Christus nicht auferweckt …
Nun aber ist Christus von den Toten auferweckt als Erstling der Entschlafenen.« (1. Kor 15,12.13.20)

Mit Paulus ist die Reihe der unmittelbaren Osterzeugen abgeschlossen

»Zuletzt aber von allen erschien er, gleichsam als der Fehlgeburt, auch mir«,

sagt Paulus (1. Kor 15,8). Und das ist ein wichtiger Hinweis. Denn hier kommt zum Ausdruck: Paulus ist der letzte in der Reihe der unmittelbaren Osterzeugen. Diese Erscheinungen des auferstandenen Herrn haben sich danach nicht wiederholt. Und das bedeutet zugleich: Paulus gehört zu den Aposteln – auch wenn er sich als »geringsten« bezeichnet, der eigentlich nicht wert ist, ein Apostel zu heißen; denn er hatte die Gemeinde Gottes verfolgt (1. Kor 15,9).

Trotzdem gilt: Paulus gehört zu denen, die der auferstandene Herr berufen, in seinen Dienst genommen und *ausgesandt* hat. »Bin ich nicht ein Apostel? Habe ich nicht unsern Herrn Jesus gesehen?« schreibt Paulus (1. Kor 9,1) und macht damit deutlich: Die Erscheinung des auferstandenen Herrn begründet den besonderen Auftrag der Apostel und weist sie als *Gesandte* aus. Dadurch sind sie als Prediger des Evangeliums legitimiert. Den unmittelbaren Osterzeugen kommt damit eine besondere Autorität zu (vgl. Wilckens, 21).

Psychologische Erklärungsversuche helfen nicht weiter

Der Auferstandene ist ihnen erschienen, hat sich ihnen als der Lebendige offenbart; er ist ihnen begegnet. Mit diesen Aussagen ist nach meiner Überzeugung eine Grenze markiert. Darüberhinaus zu fragen und die Erscheinungen genauer erklären zu wollen: Diesen Versuch halte ich für verfehlt. Deshalb kann Gerd Lüdemanns Darstellung, die in den letzten Jahren eine heftige Debatte ausgelöst hat, nicht weiterführen. (G. Lüdemann: Die Auferstehung Jesu. Historie, Erfahrung, Theologie. Stuttgart 1994[2])

Denn die Erscheinungen des Auferstandenen als Vision zu bezeichnen: Diese Hypothese bedeutet, mit Hilfe von tiefenpsychologischen Theorien die Begegnungen »einzuebnen« und auf innerseelische Vorgänge zu reduzieren. Doch solche Erklärungsversuche tragen fremde Kategorien an die Texte des Neuen Testaments heran und können damit der biblischen Überlieferung nicht gerecht werden. Vielmehr gilt: Bei den im 1. Korintherbrief bezeugten Erscheinungen handelt es sich um *lebensverändernde Erfahrungen*. Sie lassen sich weder objektiv feststellen; noch können sie historisch-kritisch weg-erklärt werden.

2. Begegnungen mit dem Auferstandenen – In Erzählungen entfaltet

Ein Überblick

Wie sich der auferstandene Christus als lebendiger Herr erweist, dies wird in verschiedenen Begegnungs-Erzählungen entfaltet. Dabei handelt es sich gewiß weniger um Erlebnisberichte als vielmehr um »erzählte Verkündigung«, um »narrative Theologie« (vgl. Kittel, II, 28). Manche Begegnungs-Erzählungen werden mit *Galiläa* in Verbindung gebracht:

- Mt 28,16–20: Der auferstandene Jesus gibt seinen Jüngern auf dem Berg in Galiläa den Missionsauftrag. Seinen Boten versichert er: »Ich bin bei euch alle Tage bis an der Welt Ende.«
- Joh 21: Der Auferstandene offenbart sich den Jüngern am See Tiberias (V. 1–14). Petrus bekommt den Auftrag: »Weide meine Schafe!« (V. 15–25). Das Kapitel ist dem Johannesevangelium als Nachtrag später angefügt worden.
- Mk 16,7: Der Engel kündigt am Ostermontag an: Der Auferstandene wird vor euch hingehen »nach Galiläa; dort werdet ihr ihn sehen, wie er euch gesagt hat«.

Andere Begegnungs-Erzählungen sind mit *Jerusalem* und seiner Umgebung verbunden:

- Lk 24,13–35: Der Weg der beiden Jünger nach Emmaus.
- Lk 24,36–49: Jesus erscheint den Jüngern.

- Lk 24,50–53: Jesu Himmelfahrt (vgl. Apg 1,1–14).
- Joh 20,11–18: Der Auferstandene begegnet Maria von Magdala (vgl. Mt 28,9–10).
- Joh 20,19–23: Jesus erscheint den Jüngern, gibt ihnen den Heiligen Geist und beauftragt sie, Sünden zu vergeben.
- Joh 20,24–29: Der Auferstandene begegnet Thomas dem Zweifler
- Mk 16,9–20: (der später angefügte »unechte« Schluß des Evangeliums): Jesus begegnet Maria von Magdala, zwei Jüngern »unterwegs« und den Elf, als sie zu Tisch sitzen. Ihnen gibt er den Missionsauftrag.

Schließlich erzählt Lukas vom *Damaskus*-Erlebnis des Paulus (Apg 9,1–19; vgl. 22,3–16 und 26,9–18).

Gemeinsame Aussagen

Bei allen Unterschieden lassen sich in dieser »erzählten Verkündigung« doch wesentliche gemeinsame Aussagen erkennen:
- Jünger und Jüngerinnen *zweifeln* (Mt 28,17; Joh 20,25; vgl. Mk 16,14), sind *erschrocken* und *fürchten sich* (Lk 24,37; Joh 20,19).
- Sie sind *traurig* (Lk 24,17) und *weinen* (Joh 20,11).
Darin spiegelt sich ihre trostlose Situation nach der Kreuzigung.
- Der Auferstandene selbst *begegnet* ihnen, *verwandelt sie* und *bringt vor Trauer und Furcht erstarrte Menschen wieder in Bewegung.* Sie erfahren *Frieden* und werden wieder *froh* (vgl. besonders Joh 20,19–23; Lk 24,13–35).
- Diese Begegnung ist nicht auf visuelle Elemente beschränkt, sondern immer mit einer *Anrede* verbunden (vgl. besonders Joh 20,16).
- Der Auferstandene ist als Gekreuzigter wiederzuerkennen und erscheint doch mit einem *verwandelten Leib.* Darauf weisen mehrere Texte hin:
- Er kommt durch verschlossene Türen (Joh 20,19),
- ist plötzlich wieder verschwunden (Lk 24,31),
- er sagt: »Rühre mich nicht an!« (Joh 20,17).

Daneben findet sich allerdings eine sehr realistische Darstellung: Jesus ißt gebratenen Fisch (Lk 24,43).

- Die Begegnung mit dem Auferstandenen *verändert das Leben* der Jüngerinnen und Jünger.
- Dabei wird in der Erzählung vom zweifelnden Thomas besonders deutlich: In Zukunft kann es nicht mehr darum gehen, den Auferstandenen so zu erfahren wie die ersten Osterzeugen. Vielmehr gilt nun: »Selig sind, die *nicht sehen und doch glauben*« (Joh 20,29).
- Dementsprechend vermittelt die Geschichte vom Weg nach Emmaus (Lk 24,13–35) zugleich die Botschaft: *Heute* begegnet der auferstandene Herr seiner Gemeinde im Gottesdienst – in der Verkündigung, in Brot und Wein.

3. Die Überlieferung von der Entdeckung des leeren Grabes

Die älteste Fassung im Vergleich zu späteren Erzählungen

Der Evangelist Markus hat die älteste Überlieferung dieser Erzählung bewahrt (Mk 16,1–8): keine Schilderung, wie das Grab geöffnet wird, sondern lediglich die Feststellung:

»Und sie (die Frauen) sahen hin und wurden gewahr, daß der Stein weggewälzt war; denn er war sehr groß« (Mk 16,4).

Demgegenüber läßt sich bereits bei Matthäus die Tendenz erkennen, den dramatischen Ablauf der Ereignisse anschaulicher werden zu lassen:

»Und siehe, es geschah ein großes Erdbeben. Denn der Engel des Herrn kam vom Himmel herab, trat hinzu und wälzte den Stein weg und setzte sich darauf. Seine Gestalt war wie der Blitz und sein Gewand weiß wie der Schnee« (Mt 28,2–3).

Vergleichen wir nun damit das in der Mitte des zweiten Jahrhunderts entstandene apokryphe Petrusevangelium, so wird ganz deutlich: Hier ist diese Tendenz, das spektakuläre Geschehen möglichst genau zu beschreiben, erheblich verstärkt (vgl. Peisker: Evangelien-Synopse, S. 156: Petrusevangelium 35–60). So führt uns ein Vergleich dieser Texte zu dem Schluß: Die Erzählung von der Entdeckung des leeren Grabes ist im Laufe der Zeit durch legendenhafte Elemente immer ausführlicher ausgestaltet worden.

Eindeutig wird die Botschaft erst durch die Begegnung mit dem auferstandenen Christus

Betrachten wir dagegen die älteste Textfassung, dann wird deutlich: Die Entdeckung des leeren Grabes war ein erstaunliches Phänomen. Es machte den ersten Osterzeuginnen und -zeugen zunächst Mühe, dies zu verstehen. Sie waren sich keineswegs sofort darüber im klaren, was diese Erfahrung zu bedeuten hätte. Entscheidendes muß also noch geschehen – eben das, was der Engel angekündigt hat (Mk 16,7): Die Jüngerinnen und Jünger werden den auferstandenen Herrn in Galiläa *sehen*. Erst wenn er ihnen erscheint und sich selbst zu erkennen gibt: Erst dann wird die Entdeckung des leeren Grabes zur *eindeutigen* Erfahrung. Bis dahin bleibt dieses Ereignis mehrdeutig und darum mißverständlich.

Matthäus hat diese Begegnung mit dem Auferstandenen unmittelbar im Anschluß an die Entdeckung des leeren Grabes erzählt (28,9–20). Auffällig ist dabei auch der einleitende Satz:

»Und sie gingen eilends weg vom Grab mit Furcht *und großer Freude*« (Mt 28,8).

Demgegenüber bringt die ältere Überlieferung – von Markus bewahrt – zum Ausdruck: *Noch* breiten sich nur Zittern und Entsetzen aus, denn noch ist der Auferstandene den Seinen nicht begegnet. Doch das soll geschehen; und dann – so dürfen *wir* folgern – werden sich Furcht und Zittern in Freude verwandeln.

4. Folgerung heute

Ostern nicht erklären, sondern feiern

»Der Herr ist auferstanden, er ist wahrhaftig auferstanden« – diesen Ruf heute zu hören und darauf zu antworten, das bedeutet: Ostern zu *feiern*.

Denn diese Botschaft will uns aus Müdigkeit und Erstarrung lösen und zum *Leben ermutigen*.

Das gilt es im Gottesdienst und bei anderen Gelegenheiten zu entfalten: nicht nur in Worten, sondern auch mit Musik und den verschiedenen Symbolen und Zeichen.

Daß Ostern nicht erklärt, sondern erlebt werden will, dies wird besonders deutlich, wenn wir die Osternacht feiern. Denn dabei können wir mit unseren verschiedenen Sinnen wahrnehmen: Der Herr ist auferstanden, er hat die Macht der Finsternis und des Todes überwunden und den hellen Tag anbrechen lassen. Das läßt uns aufatmen, das bringt uns in Bewegung. So werden wir Mut zum Leben bekommen; so werden wir gegenläufigen und tödlichen Tendenzen in unserer Welt entgegentreten. So können wir Zuversicht gewinnen – über Krankheit und Sterben hinaus: die Hoffnung auf ein neues, verwandeltes Leben.

Literaturhinweise

Gisela Kittel: Der Name über alle Namen. I: Biblische Theologie/Altes Testament; II: Biblische Theologie/Neues Testament, Göttingen 1989/90;

Friedrich Lang: Die Briefe an die Korinther (NTD 7), Göttingen 1986;

Wilhelm Michaelis: Artikel »horao«, in ThWB V, 315ff., Stuttgart 1954;

Peter Stuhlmacher: Biblische Theologie des Neuen Testaments. Band I: Grundlegung. Von Jesus zu Paulus, Göttingen 1992;

Ulrich Wilckens: Auferstehung. Das biblische Auferstehungszeugnis historisch untersucht und erklärt, (GTB 1416), Gütersloh 1992, 5. Aufl.).

Ostern – sein Name, sein Termin und seine Geschichte

J. Grimm, der Begründer der germanischen Sprachgeschichte, entdeckte bei Beda, dem angelsächsischen Theologen des frühen 8. Jahrhunderts, eine germanische Frühlingsgottheit namens Eostra. Aus ihr erschloß nun der Gelehrte die Ableitung des Namens unseres Osterfestes. Diese einmalige Notiz reicht aber zu so weitreichender Bestimmung nicht aus. Gab es diese Göttin wirklich? Beda ist ein Meister des Fabulierens. Und wenn es sie gab, haben die Germanen ihr wirklich ein Fest gefeiert, das freilich nirgendwo belegt ist? Kein Wunder, sagen die Verfechter dieser These, das christliche Osterfest hat ihr Fest ja aufgesaugt. Tatsächlich war es Missionspraxis, heidnische Orte und Feste zu besetzen, wobei freilich auch die Tabuisierung belegt ist. In den romanischen Ländern heißt das Osterfest nach dem jüdischen Pessachfestes, die ja auch historisch zusammengehören.

Als die Christianisierung der Germanen erfolgte, war die Übernahme des jüdischen Begriffs schon nicht mehr möglich. Die Trennung von dem jüdischen Herkommen war bis zum blanken Antijudaismus im Reichsrecht Roms und Byzanz, aber auch ihrer in der Völkerwanderung entstandenen Nachfolgestaaten fortgeschritten. Ursprünglich hatte die Christenheit jeden Sonntagmorgen als ein Gedenken an Christi Auferstehung gefeiert. Sonntag ist des Herren Tag: Tag der Auferstehung. Davon ist bewahrt, daß alle Sonntage in der Passionszeit vom Fasten ausgenommen sind und liturgisch nicht zur Passionszeit gehören. (Die Ersetzung des Halleluja durch Amen nach der Evangeliumslesung an diesen Sonntagen vergißt diesen Zusammenhang und muß deshalb dringend neubedacht werden.)

Als aus dem Auferstehungsgedenken am Morgen nach dem Sabbat der christliche Feiertag »Sonntag« geworden war, vergaß die Christenheit den Sabbat, und aus ihm wurde ein Arbeitstag. Der Freitag, bis dahin Rüsttag für den Sabbat, wurde zum wöchentlichen Gedenktag der Kreuzigung und zum Fastentag der Christen. Somit waren auch die Fastenbräuche der Juden und der Christen unterschieden.

Die Festlegung des jährlichen Ostertages ging mit heftigen Auseinandersetzungen in der Christenheit einher und wurde letztlich mit kaiserlicher Macht auf dem Konzil von Nicäa (325 nach Chr.) entschieden. Ursprünglich hatte man am Termin des jüdischen Pessachfestes, am 14. Nissan, gefeiert. Nun kollidierte aber das sonntägliche Auferstehungsgedenken mit dem durch die Woche wandernden 14. Nissan. Doch hielten in Kleinasien manche Gemeinden an dem mit dem Juden gemeinsamen Termin fest. Man nannte diese Gruppen Quartodezimaner. Das Konzil von Nicäa entschied: 1. Sonntag nach Vollmond nach Frühlingsanfang. Damit hatte man sich als siegende Kirche von dem jüdischen Festkalender getrennt, automatisch war mit dieser Festlegung auch der gemeinsame Termin für Schawuoth und Pfingsten gefallen. Doch Nicäa hat nicht nur eine antijüdische Front. Nicäa hat auch eine antiheidnische Front, der Ostertermin ist zwar an den Beginn des Frühlingstermins gebunden, er fällt aber niemals mit diesem Termin zusammen. Dies ist für mich ein wichtiger Beleg, daß die Ableitung des Ostertermins vom Frühlingsfest nicht gelingt, weshalb auch die Wortableitung, wie sie J. Grimm erschloß, nicht trägt.

Der Westen, dort wo die Sonne untergeht, ist der Ort der Toten, der Eingang zur Unterwelt. Das war nicht nur bei den Ägyptern so, die westlich des Nils ihre Totenstätten hatten. Im Christentum bekommt die Orientierung ein neues Gewicht. Kirchen werden geostet. Auch die Bestattungsrichtung ist der Osten. Die »Westlichen« ist ein Ausdruck, der euphemistisch die Verstorbenen meint. Man betritt die Kirche vom Westen, dort am Eingang findet die Taufe statt, und man wandert nach Osten, wo man über den Gräbern von Märtyrern und anderen Heiligen den Altar findet, wo man die Messe im Gedächtnis des Todes und der Auferstehung Christi im Abendmahl feiert und seines Lebens teilhaftig wird. Der Osten steht als Ort des neuen Lebens dem Westen als dem Ort des sterbenden alten Adams gegenüber.

In der orthodoxen Kirche ist das Osterfest das christliche Fest schlechthin. Hier entfaltet sich alle Pracht der orthodoxen Liturgie.

Der wichtigste Teil des liturgischen Geschehens zu Ostern ist die Ostervigil. Sie gehört mit ihrem Beginn noch in die Passionszeit, die mit Karfreitag zwar ihr Ziel und ihren Höhepunkt erreicht, aber noch nicht ihr Ende gefunden hat. Auf Karfreitag folgt der Karsamstag. Der Gekreuzigte ist bestattet, es ist die Zeit seiner Höllenfahrt. Er bringt Leben auch zu den Verstorbenen.

In der Mitte der Nacht, mit dem neuen Tag beginnt der Jubel: »Er ist wahrhaftig auferstanden.« Aus der Trauer wird Freude, aus dem Tod wird Leben.

In den alten Kirchen war Ostern der Tauftermin. Die Katechumenen hatten sich zusammen mit ihren Lehrern die Karwoche über auf diesen Termin unter Fasten und Gebeten, sicher auch unter Lehren und Lernen vorbereitet.

Im Baptisterium hatte die Taufe im Beisein der Paten stattgefunden, die gesammelte Gemeinde hatte in den Taufkirchen gar nicht genügend Platz. In weiße Taufkleider gehüllt waren die Getauften dann eingeführt worden in die versammelte Gemeinde, wo sie gemeinsam das Abendmahl empfingen und nicht wie bisher vor Beginn der Messe weggeschickt wurden. Mit der Feier des Abendmahles wurde das Fasten gebrochen.

In der evangelischen Kirche stand das Osterfest im Schatten des Karfreitags. Die Theologie des Kreuzes hatte in Karfreitag ihren Ausdruck gefunden. Im Gegensatz zur römisch-katholischen Kirche, wo am Karfreitag keine Messe gefeiert wird, ist in der evangelischen Kirche der Abendmahlsgang am Karfreitag zur Norm, oft für den einzigen Abendmahlsgang, geworden. Erst in den letzten zwanzig Jahren sind mit der Erneuerung der Liturgie auch die Osternacht und der Ostermorgen als eine wichtige Möglichkeit zum Gottesdienst erkannt worden, besonders wenn es darum ging, Gottesdienste ohne die verordnete liturgische Armut evangelischer Agenden zu erleben. Tatsächlich ist mit den nächtlichen und morgendlichen Gottesdiensten zur Osterzeit die Erfahrung wieder in die evangelischen Kirchen eingezogen. Es ist erstaunlich, wie Gottesdienstzeiten um

23 Uhr oder morgens um 6 Uhr angenommen werden. Gewiß wird man in kleineren Gemeinden für diese Formen die Kooperation in der Nachbarschaft oder in der Region suchen. Daß diese Gottesdienste nicht immer innerhalb einer Stunde gefeiert werden, sondern in Ruhe, die üblichen Gottesdienste um mehr als das Doppelte überschreiten, ist selbstverständlich. Und selbst nach mehr als zweistündigen Gottesdiensten löst sich die Gemeinde nur zögernd und langsam auf, lange noch bleibt man in Gesprächsrunden beieinander stehen. Mancherorts schließt sich ein gemeinsames Osterfrühstück an. Gottesdienste, die religiöse Gefühle zulassen und Erfahrungen ermöglichen, formen auch Gemeinschaft, wie sie allein im Hören der Predigt nicht möglich wird.

Vom Wasser und vom Feuer,
vom Hasen und von Eiern

Vom verkannten Osterbrauchtum

In der Brauchtumsforschung und -darstellung gab es einen merkwürdigen Trend: Alles mit den großen christlichen Festen verbundene Brauchtum auf heidnischen Ursprung zurückzuführen, ob es sich nun um den Adventskranz, den Lichterbaum, den Osterhasen handelte. Kaum einer prüfte nach, ob sich das heidnische Brauchtum wirklich so lange im Schatten eines Christentums halten konnte, das heidnische Bräuche mörderisch verfolgte. Niemand fragt, warum das so alte Brauchtum erst so spät nachweisbar war, also oft eine Lücke von tausend Jahren zwischen dem Untergang des Heidentums bis zum ersten Nachweis des Brauchtums bestand. Niemand fragte, warum das heidnische Brauchtum keinen Niederschlag in den Handbüchern der frühen Mission gefunden hatte. Kaum jemand verglich das christliche Brauchtum und seine jüdischen Parallelen.

Anstatt die unbeantworteten Fragen zu übersehen, stelle ich deshalb die Frage: »Wer hat ein Interesse, das Brauchtum christlicher Feste als heidnisch darzustellen?« Ein solches Interesse läßt sich bei denen vermuten, die das Heidentum für lebendig, das Christentum aber für kraftlos achten, jüdischer Wurzeln sich schämen. Es gab ein solches Interesse an lebendigem Heidentum nicht nur in Deutschland. Es gab aber auch ein kirchliches Interesse, das das eigene Brauchtum diffamierte, weil es »volkstümlich« und nicht »kirchlich«, weil es jenseits der Konfessionen und nicht in der eigenen Dogmatik eingewurzelt war, weil es »sinnlich« und nicht »geistlich« war.

Das Wasser des Lebens

In verschiedensten Gegenden ist ein morgendlicher Gang zur Quelle bezeugt, wo Wasser geschöpft, und meist unter strengem Schweigegebot nach Hause getragen wird (Plapperwasser hilft nicht). Das Wasser wird in der Kirche geweiht und im Hause aufbewahrt und bei Krankheit im Haus und im Stall zum Besprengen benutzt. Ostern ist der altkirchliche Tauftermin. Die Taufe am Ostermorgen braucht also Taufwasser, das ist das Wasser des Lebens. Die Taufe reinigt von der Gottesferne, und so ist diesem Wasser Wunderkraft zugesagt worden, es kann nicht nur Sünder zu Gottes geliebten Kindern machen, es machte den Kranken gesund und schenkt dem Sterbenden ewiges Leben, aber es hält auch die Seuche vom Rinder- und Schweinestall fern.

Im Judentum gehört der Ritus des Wasserschöpfens zum Laubhüttenfest, ist zeitlich ein halbes Jahr von Pessach/Ostern entfernt, und dennoch drückt das Wort aus dem Talmud zum Wasserschöpfen das gleiche aus, was den Ostermorgen betrifft: »Wer nicht die Freude des Wasserschöpfens gesehen, kennt keine wahre Freude.« (Sukka V,1).

Beim Sedermahl erinnert sich Israel auch an den Durchzug durch das Schilfmeer beim Auszug aus Ägypten. Paulus hat auf den Zusammenhang von der Errettung am Schilfmeer und der Taufe in einem Midrasch im zehnten Kapitel des ersten Korintherbriefes aufmerksam gemacht (1. Kor 10,1–4).

Aus der Trauerspeise wird der Wunsch nach Wohlstand

Auf dem Sedertisch des jüdischen Pessachfestes liegt neben dem Knochen mit dem Fleisch ein gebratenes Ei. Seine Bedeutung ist schon in alter Zeit vergessen. Erinnert der Knochen an das Passahlamm und die Opfer, die im Tempel von Jerusalem gebracht wurden, so läßt sich eine solche Beziehung für das Ei nicht finden. Der Hinweis, daß das Ei ein Symbol der Fruchtbarkeit sei, trifft zwar für das rohe, aber nicht für das gekochte oder gebratene Ei zu; dem ist ja die Fruchtbarkeit durch menschlichen Eingriff genommen worden. Sehr fein ist die Beobachtung von Thieberger (Jüdisches Fest – jüdischer Brauch; Königstein 1979[3], S. 212), daß das Ei die erste Mahlzeit sei, welche die Trauernden nach dem Begräbnis genießen. Mit dem Essen des Eies wendet sich der Trauernde wieder dem Leben zu. Es ist also die Speise des Fastenbrechens.

Auffallend ist, daß bei den Überlegungen zu den Ostereiern nicht im zureichenden Maße zwischen den Eiern, die verzehrt werden, und solchen, die ausgeblasen, kunstvoll verziert zur Osterdekoration dienen, unterschieden wird. Diese Eierschalen fallen in einer reichen Fülle an, wo Eierspeisen (Fastenspeise) und Kuchen hergestellt werden.

Unter den Heidebauern (sie mußten eher als arm, denn als reich eingestuft werden) galt für das Backen:

»Weihnachten backt jedermann,
Ostern, wer es kann,
Pfingsten nur der reiche Mann.«

Die ausgeblasenen Eier sind ein Zeichen des Reichtums, angehängt sind sie sichtbare Darstellung des Wohlstandes. Ein solches Ei zu verschenken, bedeutet, dem Wunsch nach Wohlstand und Reichtum Gestalt zu verleihen.

Mit dem gekochten – wohl auch gefärbten – Eiern verbunden sind Brauchtümer wie Eier suchen, Eier ditschen, Eier rollen. Der Brauch der gefärbten Ostereier ist zum ersten Male von Freidank in seinem Werk »Bescheidenheit« im frühen 13. Jahrhundert erwähnt.

Man versteckt den Kindern die Eier, und die ganze Familie hat am Suchen der Eier Freude. Daß freilaufende Hühner bei neuer Legesaison oft einen neuen Legeplatz suchen und deshalb auf den Höfen diese neuen Verstecke, Legeplätze der Hühner, gesucht werden mußten, ist heute selbst bei der ländlichen Bevölkerung vergessen.

Auch hier weist das jüdische Pessachfest eine erstaunliche Parallele auf, wenn auch mit Akzentverschiebung. Ist das jüdische Haus von allem Sauerteig (Chomez) gereinigt, denn während der Mazzoth-Zeit darf kein Sauerteig in einem jüdischen Haus sein, versteckt die Hausfrau einige Brocken Chomez, die der Ehemann suchen und finden muß, damit erwiesen ist, daß das ganze Haus ohne Sauerteig ist. Beim christlichen Ostereiersuchen treten die Kinder an die Stelle des Vaters, doch auch ihm wird mit dem Hinweisen »heiß« und »kalt« geholfen, wenn er zu lange beim Suchen braucht.

Das Eierditschen geschieht unter den jungen Leuten, besonders unter Mädchen und Jungen: Man schlägt die Eier gegeneinander, wessen Ei zerbricht, der verliert und gibt es an den Sieger ab. Oft zerbrechen beide und man verzehrt die Eier gemeinsam.

In Bautzen – und wohl auch anderswo – rollt man Eier das Hochufer der Spree herunter. Die Bedeutung dieses Brauches erschließt sich dann, wenn man bedenkt, daß oben am Rande des Steilufers die wohlhabenden Einwohner der Stadt leben, unten direkt am Wasser in der Zone, die jährlich vom Hochwasser bedroht ist, die ärmeren Bevölkerungsschichten.

Das Osterlamm

Beim Pessachfest wurde ein Lamm gegessen, mit seinem Blut hatten die Familien der Hebräer in Ägypten ihre Häuser gekennzeichnet, und so war der Würgeengel, der die Erstgeburten der Ägypter schlug, an den Israeliten vorübergezogen. Als das Pessachfest zum Wallfahrtsfest für den Jerusalemer Tempel geworden war, zog man in die heilige Stadt, um dort das Fest zu feiern, wo man im Tempel die Lämmer schlachtete. Zu diesem Fest ist Jesus hinauf nach Jerusalem gezogen, nach neutestamentlicher Tradition feierte er dieses Mahl mit seinen Jüngerinnen und Jüngern, bevor er nach einem Gebet in Gethsemane verhaftet wurde. Aus diesem Mahl wurde das christliche Abendmahl. Jesus selbst ist das wahre Osterlamm (1. Kor 5,7). Auch das Gottesknechtlied (Jes 53,7) trug dazu bei, in Jesus Christus das wahre Lamm Gottes zu sehen.

Backwaren in Lammform, die man auch in heutiger Zeit in den Ostertagen mancherorts noch findet, erinnern an diese Verknüpfung. Zu diesem Ostersymbol des Lammes wird auch die Siegesfahne der Auferstehung hinzugefügt.

Der Osterhase

In der allgemeinen Bedeutung hat der Osterhase dem Osterlamm den Rang abgelaufen. In den verschiedenen Ländern werden auch andere Tiere benannt, die Ostereier bringen, so der
Fuchs oder der Kuckuck. Doch in Zeiten europaweiter Ver-
marktung des Osterhasen müssen alle anderen Vorstellungen
mit der Zeit verschwinden. Der Osterhase wird im 17. Jahrhundert zum ersten Male erwähnt, deshalb kann man ihn wohl
damit nicht erklären, daß Augustin den Hasen zum Zeichen
der Auferstehung erklärte. Man hat deshalb darauf verwiesen,
daß mit Eiern und Hasen die Steuer, der Zehnte, bezahlt wurde,
und daß Ostern ein solcher Steuertermin war. Doch nimmt die
Steuer, und sie bringt nicht. Auch ist Jagdbeute in der Regel nicht
die zu entrichtende Steuer. Die Jagd war Privileg der Grund-
besitzer, an die der Zehnte zu entrichten war. Es gibt in der Kir-
chenkunst die Darstellung dreier Hasen, die im Kreis so ange-
ordnet sind, daß sie zusammen nur drei Ohren haben: Symbol
für die Dreifaltigkeit.

Alle Erklärungsversuche für den Osterhasen überzeugen
nicht und dies aus dem einfachen Grund, weil der Osterhase ja
verstecken soll. Mit der Benennung »der Osterhase bringt die
Ostereier« soll den Kindern gesagt werden, es sind nicht die
Eltern, die Eier verstecken. Der Osterhase ist ein Eltern-Kinder-
Spiel, das so einfach angelegt ist, daß die Kinder es durchschauen
können.

Das Osterfeuer

Wie das Wasser ist auch das Feuer ein Symbol des Geistes. Wie
jenes hat auch das Feuer teil an der Ambivalenz: lebensnotwen-
dig und zugleich besonders im Übermaß lebensbedrohend zu
sein.

Osterfeuer sind die visuellen Zeichen der Auferstehung. Von
den Bergen teilte man sich mit »Der Herr ist auferstanden«. So
wurden Feuer auf den Bergeshöhen als Signalfeuer benutzt. Es
gibt aber keinen Grund, im Osterfeuer ein Frühlingsfeuer sehen

zu wollen, zumal es nicht erwiesen ist, daß es dies gab. Was im Wintersonnenwendfeuer und im Sonnenwendfeuer des Sommers Sinn macht, muß dies nicht auch zu Ostern machen, zumal die Terminsetzung für Ostern (1. Sonntag nach Neumond nach Frühlingsanfang) ein Zusammenfallen dieser Termine verhindert.

Die Feuersäule war Gottes Weggeleit für sein Volk Israel in der Wüste, so sind die Osterfeuer eine Bitte des Christenvolkes, Gott möge sie zur Auferstehung geleiten. Ostern als Tauftermin steht natürlich auch in der Beziehung zur *Taufkerze,* die an diesem Tag entzündet wird als ein Ausdruck der Verheißung der Lebensbegleitung Gottes: »Ich bin bei euch alle Tage bis an der Welt Ende.« Die *Osterkerze* ist mit fünf Weihrauchkörnern geschmückt in Form eines Kreuzes, hinzu kommt die Jahreszahl und das Alpha und Omega. Das Kreuz erinnert daran, daß der Auferstandene der Gekreuzigte ist, Ostern nicht ohne Kreuz sein kann. Die mancherorts zu Tal rollenden *Feuerräder* sind weniger ein Beleg für das ursprüngliche heidnische Frühlingsfest, welches durch das Osterfest erobert wurde, als ein Beleg dafür, wie das Neoheidentum sich des Osterfestes bemächtigte. Das Sonnenwendfeuer gehört zur Mittsommerfeier, wohl auch zum Julfest, aber die Frühlings- und Herbstzeit ist keine Sonnenwende.

II. OSTERN FEIERN

GOTTESDIENSTENTWÜRFE – LITURGISCHE ELEMENTE

Die Osternacht feiern

Mit einer Kurzpredigt über Römer 8

A. Darstellung des Gesamtablaufs

»Wie Blinde tasten wir die Wand entlang,
tastend wie Menschen ohne Augen,
Wir stolpern am hellichten Tag.
In der Blüte unseres Lebens sind wir Tote.

Wie weit ist die Nacht,
Wächter, wie weit?
Der Morgen kommt, sagt der Wächter.
Aber noch ist es Nacht.«

Mit diesem Text (aus H. Oosterhuis' Buch »Dein ist die Zukunft«), in den noch dunklen Kirchenraum hinein gesprochen, beginnt am Ostersonntag um 6 Uhr der Osterfrüh-Gottesdienst. Er besteht aus sechs Abschnitten:

1. Lob des Christuslichtes

»… wie Tote. Noch ist es Nacht.« Mitten in der Dunkelheit der Nacht und des eigenen Herzens wird ein Licht entzündet: Die brennende Osterkerze wird in die dunkle Kirche getragen. Dreimaliger Halt mit dem Wechselruf: »Christus ist das Licht« und »Gott sei ewig Dank.« Die Osterkerze wird auf den Leuchter gestellt. Der Kantor singt den Lobgesang »Frohlocket nun, ihr Engel, ihr himmlischen Scharen …« In seinem Verlauf tragen Helferinnen und Helfer das Osterlicht in die Gemeinde. Es folgt (noch unbegleitet) EG 441,1-4 »Du höchstes Licht, ewiger Schein«.

2. Schriftlesungen

Was der erste Teil wie eine Ouvertüre hat anklingen lassen, wird nun im Zeugnis der Schrift in drei Sätzen entfaltet: »Wie Blinde tasten wir ...«, aber »der Morgen kommt.« Diese drei Sätze sind: Die Schöpfung, der Exodus, Gott macht lebendig (Röm 6). Jeder »Satz« besteht aus Präfamen, Lesung, Gebet und Gemeindechoral:

Die Schöpfung

Lektor/in: Hört, wie Gott die Welt erschaffen hat, wie er das Licht in die Finsternis scheinen läßt, wie alles Leben seinen Ort erhält – auch der Mensch.

Es folgt die LESUNG von 1. Mose 1,1–2.4 a.

Nach einer Stille folgt das GEBET:

Herr, unser Gott, du hast die Welt erschaffen und in der Welt den Menschen nach deinem Bilde. Wir bitten dich: Laß uns nicht fern von dir leben, sondern laß uns bei dir bleiben, damit wir das Leben in Fülle haben. Durch Jesus Christus, unsern Herrn.

Es folgt LIED EG 303,4 (Lobe den Herren, o meine Seele).

Der Exodus

PRÄFAMEN: Hört, wie Gott sein bedrängtes Volk herausführt aus der Knechtschaft in die Freiheit.

LESUNG: 2. Mose 14,15 ff. oder eine freie Bearbeitung von 2. Mose 12–14 und 19–20. H. Oosterhuis bietet in seinem o. a. Buch ein Modell.

GEBET: Herr, unser Gott, ein Gott der Freiheit bist du. Wir bitten dich: Rette uns, befreie uns, daß wir zur Herrlichkeit deines Reiches gelangen – wir und alle Welt. Durch Jesus Christus, unsern Herrn.

LIED: EG 288, 3+6 (Nun jauchzt dem Herren alle Welt)

Die Taufe

PRÄFAMEN: Hört, wie Gott in dem Geheimnis der Taufe uns sterben und auferstehen läßt mit Jesus Christus.

LESUNG: Röm 6,3-11

GEBET: Herr, unser Gott, du hast uns durch die Taufe mit Jesus Christus verbunden. Wir bitten dich: Laß uns dem alten Leben absterben, fern von dir, und laß uns auferstehen zum neuen Leben, zum befreiten Leben der Kinder Gottes. Durch Jesus Christus, unsern Herrn.

LIED: EG 384,3+4 (Lasset uns mit Jesus ziehen).
Damit wird der Übergang geschaffen zur nächsten Station im Gottesdienst:

3. Taufgedächtnis (und Taufe)

Am Taufbecken erinnert Liturg/in an das Christuswort: Es sei denn, daß jemand von neuem geboren werde aus dem Wasser und dem Heiligen Geist, so kann er nicht in das Reich Gottes kommen.

Sodann wird Wasser in das Taufbecken gegossen, und sie/er erinnert in wenigen Sätzen an die Taufe Jesu im Jordan, an das Untertauchen (Tod und Grab) und an sein Vorausgehen in ein neues Leben.

Das Taufwasser wird mit dem Kreuz bezeichnet (»Christus hat das Wasser der Taufe geheiligt durch seinen Tod und gibt uns in seiner Gnade teil an seiner Auferstehung«).

Es folgt der Taufbefehl. Er wird sinnfällig gemacht durch folgenden Vorgang: Liturg/in spricht von den vier Lebensströmen des Paradieses, die in alle Himmelsrichtungen fließen. Genauso mögen durch die Taufe Menschen zum Glauben an Christus gebracht werden und neu werden, in Ost und West, in Nord und Süd. Dabei wird Wasser aus der Taufschale in die vier Himmelsrichtungen gesprengt.

Es folgt, als erneuertes Taufbekenntnis, das gemeinsame Glaubensbekenntnis und die Aufforderung an die Gemeinde, nach vorne zu kommen und durch Benetzen der Stirn mit dem Taufwasser das Gedächtnis an das eigene Getauft-Sein zu erneuern. Mit dem Lied 200,1.2.4.5 (Ich bin getauft auf deinen Namen) wird dieser Teil beschlossen.

Wenn es möglich ist, können sich hier eine oder mehrere Taufe(n) anschließen. Das muß in der Gemeinde entsprechend vorbereitet werden. Aber dann bleibt es nicht nur beim

Gedächtnis, sondern der alte Brauch der Taufe am Ostermorgen wird erneuert.

4. Osterevangelium

Liturg/in und Gemeinde tauschen einen liturgischen Gruß. Es folgt das Gebet des Tages.

Dem Osterevangelium voraus geht das Halleluja. Das Evangelium kann unterschiedlich ausgeführt werden: Als Rezitation oder im Lektionston (möglichst mit verteilten Rollen) oder als Lesung mit Orgelimprovisation (wenn es gut vorbereitet ist, ist dieses besonders eindrucksvoll). Die Gemeinde antwortet mit dem entfalteten Lobpreis »Allein Gott in der Höh sei Ehr« (EG 179,1-4; mit Orgel). An die Predigt schließt sich das Predigtlied 116 an (Er ist erstanden, Halleluja), das die Ostergeschichte noch einmal nacherzählt und gleichzeitig deutet.

5. Abendmahl

Es folgt die Feier des Abendmahls nach dem in der Gemeinde gewohnten Brauch. Hier kann sich eine »musica sub communione« festlich entfalten.

6. Sendung und Segen

Nach Sendungswort und Segen setzt die Gemeinde den gemeinsamen Schlußpunkt mit dem Choral »Christ ist erstanden« (EG 99).

Das gottesdienstliche Zusammen-Sein wird dann fortgesetzt mit einem gemeinsamen Frühstück im Gemeindehaus (Gruppen aus der Gemeinde haben es vorbereitet). Die Festfreude findet damit eine Fortsetzung und einen Ausklang. Man nimmt einander wahr, man tauscht sich aus und teilt Essen miteinander. Das Osterfest erhält so einen besonderen Akzent.

B. Kurzpredigt über Röm 8,19-23.38.39

Der ganzen Schöpfung ist das Kreuz zu eigen. Das Kreuz bezeichnet das Leben in seiner Vieldeutigkeit. Leben entfaltet sich, es strebt nach Fülle und Vollendung. Aber dieser Lebensimpuls wird durchkreuzt. Denn alles Leben stirbt auch: »Die Schöpfung ist der Vergänglichkeit unterworfen.«

Auch wir Menschen, als Geschöpfe, nehmen an diesem Los teil. Auch unser Leben wird durchkreuzt. Wir sterben auch. »Bis zum heutigen Tag seufzen wir.«

Doch – das Kreuz ist mehr. Es prägt unsere menschliche Gestalt. Wenn wir unser Haupt erheben und die Arme ausbreiten, zeigen wir mit unserem Körper, was unser ganzes Dasein ausmacht. Wir leben und entfalten uns nämlich in den vier Richtungen des Kreuzes:

Wir sind aus der Erde, in ihr verwurzelt, auf ihr stehend. Nach unten, zur Erde, werden wir immer wieder gezogen. Auf sie fallen wir, zuletzt im Tod. Wir werden wieder zu Erde.

Wir sind aber auch von oben, vom Himmel. Wir suchen, was man nur von oben sehen kann: Überblick und Einblick, Licht und Weite, Grenzenlosigkeit, Freiheit – ja den Himmel! Wir sind mit dem Licht der Vernunft begabt, mit Geist und Sprache, über das bloße Da-Sein erheben wir uns, kraft der Vernunft und des Geistes.

Das sind die senkrechten Bezugspunkte unseres Seins: Oben und Unten, Himmel und Erde. Wir haben aber auch die waagerechten Verbindungen. Wir sind verknüpft mit der Welt, in der wir leben. Unsere Umwelt: Saat und Ernte, Frost und Hitze, Tag und Nacht – immer noch Lebensrhythmen für uns. Und wir sind verknüpft mit unserer Mitwelt, ein Netz menschlicher Beziehungen – Pflege und Versorgung, Kontakt und Austausch, Hilfe und Miteinander-Sein brauchen wir.

So leben wir also in der Dimension des Kreuzes: Oben und Unten, die Seiten neben uns. Und in unserem Herzen verlangen wir nach Ganzheit, nach der Einheit von Oben und Unten, von Rechts und Links – nach Vollendung dessen, was in uns ist. Und das wird ständig durch-«kreuzt« – statt der Fülle nur Bruchstücke: Beziehungen zu Menschen, die wir schätzten; Entwicklungen, die so viel versprachen; schließlich das Leben selbst: Zu Ende gegangen, zu Bruch gegangen!

Gleich einem Balken drückt die Last der Tage. »Das ist ein Kreuz« sagen wir. »Sein Kreuz auf sich nehmen« heißt: die Lasten des eigenen Lebens tragen.

Das Kreuz ist eine Last. Zuletzt die größte: Das Grab schmücken wir mit dem Kreuz. Kreuz ist Tod. Der Tod durchkreuzt das Leben: »Die Schöpfung ist der Vergänglichkeit unterworfen. Sie seufzt und ängstigt sich unter Schmerzen.« Schon wahr, was Paulus geschrieben hat.

Und doch ist es mehr: »Aber ----: In diesem allem überwinden wir weit durch den, der uns geliebt hat!« Auch das ist wahr! Und darum feiern wir Ostern! Weil das Kreuz mehr ist: Befreiung von aller Begrenztheit, Befreiung von Not und Tod, Zeichen der Liebe: Nichts – nicht Tod, nicht Leben, nicht Engel, nicht Gewalten – nichts kann uns von Gottes Liebe trennen! In Jesus Christus ist sie. In ihm wird das Kreuz zum Zeichen des Lebens, weil er es getragen, an ihm gehangen und es verwandelt hat. Verwandelt in der Auferstehung. Oder besser umgekehrt: Die Auferstehung ist Ausdruck dieser Verwandlung! In Jesus ist das Leben verwandelt. Die Auferstehung bringt's zum Ausdruck.

Nicht in fortschreitender Erkenntnis gibt es das, sondern im Paradox! Und »paradox« heißt nicht: Widersinnig, gegen alle Vernunft und Einsicht!, sondern es heißt: Sich der gängigen Meinung einmal nicht anschließen, das Un-Gewöhnliche sehen, denken, erkennen und glauben – was dem Überkommenen sich nicht einordnet. Die Auferstehung ist kein Trick, sondern sie ist: VERWANDLUNG!

Und in dieser Verwandlung wird die Sehnsucht des Geschaffenen gestillt. Im Paradox der Auferstehung wird die Fülle des Lebens offenkundig. Im Kreuz ist selbst der Tod verwandelt. Verwandelt ist die ganze Schöpfung! Befreit soll sie werden! Zur herrlichen Freiheit der Kinder Gottes! Und auf keine andere Weise geschieht's als durch die Liebe Gottes – offenkundig in Jesus!

In ihm vereinen sich Himmel und Erde, das Oben und das Unten. Und das Neben- und Miteinander verwandelt sich auch: Alles, was bruchstückhaft in meinem Leben ist – Fragment –, muß mich nicht mehr mit endgültiger Trauer erfüllen. Ich muß nicht länger bekümmert sein, daß mir die Fülle sich nie ergießt. Denn nichts wird bleiben, wie es ist!

Nichts bleibt, wie es ist. Alle Begrenztheit, alle Unvollkommenheit, alles Abgebrochene soll verwandelt werden, soll endlich doch vollendet werden! Auch wenn wir jetzt seufzen unter dem Kreuz des Lebens, auch wenn unsere Sehnsucht jetzt noch ungestillt ist: Oben und Unten, Mit- und Nebeneinander werden vereint zur vollkommenen Einheit. Die Herrlichkeit soll offenkundig werden und wir: befreit! »Der Strick zerreißt, der Vogel ist frei« – so heißt es im Psalm.

Das Oben und das Unten, das Miteinander und das Nebeneinander, Ich, Welt, Gott – im Kreuz sind sie zur vollkommenen Einheit geworden, in Jesus ist die Herrlichkeit offenbar!

In ihm ist die Liebe Gottes! Sie vereint alles. Und nichts, wirklich nichts kann uns von ihr scheiden!

Und das heißt heute: Trotz Schmerz und Tränen, trotz Fragen und Suchen, trotz Zweifel und Scheitern, trotz Fallen und Schuld, trotz finsterer Nächte – dennoch: Jubel! Weil Jesus alles Tote durchlebt hat und neu und lebendig geworden ist – weil er uns neu und lebendig macht! Frei zur herrlichen Freiheit: Kinder Gottes! Der Vergänglichkeit unterworfen, und doch: Nichts kann uns scheiden von Gottes Liebe! In Christus Jesus ist sie, unserem Herrn.

PS: Wertvolle Anregungen, vor allem für die Gestaltung des Gottesdienstes in der Osternacht verdanke ich zwei Büchern: 1. Huub Oosterhuis, Dein ist die Zukunft, Freiburg, Basel, Wien 1992; 2. Die Feier der Osternacht. Im Auftrag der Ev. Michaelsbruderschaft hg. von A. Völker, Kassel 1983.

Feier der Osternacht

Die Feier der Osternacht lebt von der Symbolik des Lichts, sie lebt vom Kontrast zwischen hell und dunkel. Sie kann am späten Abend wie auch am frühen Morgen gefeiert werden, jedoch sollte es zu Beginn (mindestens im Lesungsteil) noch Nacht sein. Für die Gemeinde kann folgender Text im Gottesdienstprogramm auf die Feier einstimmen:

»Die Osternacht ist ein Gottesdienst der Zeichen. Diese Zeichen drücken aus: ›Christus ist das Licht der Welt‹ und ›Christus kam mitten unter uns‹, damit wir nicht in ›Finsternis und Schatten des Todes‹ leben müssen. In diesem Gottesdienst breitet sich das Licht langsam aus, Schritt für Schritt wird dabei gesagt und gesungen, was Christus, das Licht, für die Welt Neues gebracht hat. Alles Neue im Leben der Christen beginnt mit der Taufe. Daran denken wir in der Tauferinnerung. Der ›Osterjubel‹ hebt an mit der Lesung des Osterevangeliums: der auferstandene Christus ist dann mitten unter uns. Die Gemeinde antwortet mit Ostergesängen und feiert zusammen das Hl. Abendmahl.«

Die Osternacht beginnt karg und schweigend. Die Gemeinde versammelt sich in der dunklen Kirche. Die Orgel schweigt. Die Gemeinde hört drei alttestamentliche Lesungen, dazwischen Intrumentalmusik.

A. Lesungen

PRÄFAMEN (Vorspruch) zur 1. Lesung:
In dieser Nacht, in der wir die Auferstehung Jesu als neue Schöpfung begreifen, die aller Kreatur Heil und Leben schenkt, lassen wir uns an die erste Schöpfung am Anfang der Welt erinnern, von der die jüdische Gemeinde in alten Zeiten im 1. Buch Mose im 1. Kapitel gesagt hat:

1. LESUNG: 1. Mose, 1,1–5.26–28.31

INSTRUMENTALMUSIK: ein Soloinstrument (z. B. Flöte oder Geige) oder Kammermusik

In dieser Nacht wird uns deutlich: das Vertrauen in Gottes Führung und Verwandlung des Menschen ist im Alten Testament lange vorbereitet worden. Die Rettung des Volkes Israel aus Ägypten wird seit alters her bis heute von der jüdischen Gemeinde als Gottes Rettungstat besungen. Von dieser Urerfahrung des Glaubens heißt es im 2. Buch Mose im 12.–15. Kapitel (Auswahl):

2. Lesung:

Die Ägypter drängten das Volk und trieben es eilends aus dem Lande. Und das Volk trug den rohen Teig, ehe er durchsäuert war, ihre Backschüsseln in ihre Mäntel gewickelt, auf ihren Schultern. Und die backten ungesäuerte Brote, denn sie konnten keine Wegzehrung vorbereiten. – Als aber das Herz des Pharaos von Ägypten verwandelt wurde und seine Großen sprachen: Warum haben wir Israel ziehen lassen, da spannte er seinen Wagen an und nahm 600 auserlesene Wagen mit sich, daß er den Israeliten nachjagte. Als der Pharao nahe herankam, fürchteten sich die Israeliten sehr. Und der Herr sprach zu Mose: Was schreist du zu mir? Sage den Israeliten, daß sie weiterziehen. Du aber hebe deinen Stab auf und recke deine Hand über das Meer und teile es, so daß die Israeliten auf dem Trockenen mitten durchs Wasser gehen. – Und das Wasser kam wieder und bedeckte Wagen und Männer, das ganze Heer des Pharao. So errettete der Herr Israel aus der Ägypter Hand. – Da nahm die Prophetin Mirjam, die Schwester Aarons, die Pauke in die Hand, und alle Frauen zogen mit Paukenschlag und Tanz hinter ihr her. Mirjam sang ihnen vor: Singt dem Herrn ein Lied, denn er ist hoch und erhaben! Rosse und Wagen warf er ins Meer. (Alternativ zum Lobgesang der Mirjam können hier auch Verse aus dem Loblied des Moses gelesen werden, 2. Mose 15,1–8).

Instrumentalmusik

Präfamen zur 3. Lesung:

In dieser Nacht hören wir, wie Gott um uns Menschen wirbt und uns hineinnehmen will in seine Gedanken und uns lehrt, seine Wege zu finden, die oft so anders sind, als wir denken. Beim Propheten Jesaja lesen wir im 55. Kapitel:

3. LESUNG: Jes 55,(1-2)3-9(10-11)

INSTRUMENTALMUSIK

CHOR: Bleibet hier und wachet mit mir (Taizé)

B. Einzug des Osterlichtes

Die Osterkerze wird im hinteren Teil der dunklen Kirche entzündet. Osterkerzenträger, Kantor und Liturg ziehen langsam durch den Mittelgang zum Altarraum. Der Kerzenträger macht auf diesem Weg dreimal Station. Vorsänger und Gemeinde singen dabei dreimal den Wechselgesang (Lumen Christi), der bei jeder Station einen Ton höher angestimmt wird:

Christus, Licht der Welt.
Gott sei ewig Dank.

Helfer entzünden nun ihre Kerzen an der Osterkerze und nach und nach alle Kerzen in der Kirche. Sie geben das Licht auch an alle Gemeindeglieder weiter, die eine kleine Osterkerze in den Händen halten. (Bei der Vorbereitung der Osternacht sollte für Halterungen in den Bankreihen gesorgt werden, damit diese Kerzen später abgestellt werden können.)

ÖSTERLICHER LOBPREIS
Der Kantor oder Liturg singen das Osterlob (Praeconium paschale oder Exsultet) am Altar. Gut singbare Formen des Osterlobs finden sich in: Fischer, Osternacht, 47ff.

GEBET (Liturg betet am Altar):

Ich hoffe auf dich, Herr.
Meine Seele wartet auf dich
wie ein Wächter am Morgen.

Nein, noch sehnlicher als ein Wächter auf den Morgen,
so wartet meine Seele auf dich.
Geh auf über uns, du Licht,
das auf uns Menschen fällt,
auf Menschen, die im Schatten sitzen.
Zeige dich, der du vom Tod erstanden bist.
Wende in dieser Nacht unser Geschick.

LIED DER GEMEINDE: Erschienen ist der herrlich Tag (EG 106,1–5)

C. Taufen / Tauferinnerung

PRÄFAMEN zur 4. Lesung:
Hört, wie Gott uns im Geheimnis unserer Taufe an seinem Tod
und an seiner Auferstehung teilhaben läßt. Im Brief des Apostels
Paulus an die Römer lesen wir im 6. Kapitel:

4. LESUNG: Röm 6,1-12

Taufen
In manchen Gemeinden ist es möglich, Erwachsene oder Kon-
firmanden, seltener auch Kinder in der Osternacht zu taufen. Die
Taufen werden in diesem Gottesdienst nach der üblichen Ordnung
gehalten. Dabei können die Tauflesungen weggelassen werden,
da mehrere Lesungen der Osternacht bereits Bezug zur Taufe
haben.

TAUFGEDÄCHTNIS

Liebe Christen,
wir sind alle geboren worden – aber wir wissen es nicht mehr.
Wir sind alle getauft worden, aber wir wissen es nicht mehr. Täglich müssen wir uns entscheiden, uns durchsetzen, Verständnis
aufbringen und um Vergebung bitten. Wir spüren, daß wir unsere Kraft aus Quellen schöpfen, die wir nicht gespeist haben.

Gott hat uns zuerst geliebt. Deshalb preisen wir ihn in dieser Nacht, in der die neue Schöpfung aus dem Dunkel des Gra-

bes aufleuchtet. Er hat in der Auferstehung seines Sohnes Jesus Christus der Welt die Erlösung geschenkt.

So steht auch unser Leben seit der Taufe unter seinem Zeichen. Das Zeichen der Taufe ist nach den Worten Martin Luthers »Erlösung und Seligkeit«. Darum dankt Gott für dieses Geschenk aus Gnade, das er uns als seinen Kindern gemacht hat, daß er uns aus allen Bindungen des Bösen und aus aller Finsternis dieser Welt gerettet und zum Anfang eines neuen Lebens im Licht Christi geführt hat. Steht auf und bekennt mit mir, was wir glauben!

GLAUBENSBEKENNTNIS
Hier ist es möglich, mit der Gemeinde zusammen das Nizänische Glaubensbekenntnis (EG Stamm 805) zu sprechen oder gemeinsam mit einem Chor das Apostolische Glaubensbekenntnis (EG [Nieders./Bremen] 652) zu singen, dessen Melodie und Satz aus der orthodoxen Kirche stammt.

LIED: Ich bin getauft auf deinen Namen (EG 200,1.2.5)

D. Wortgottesdienst

Das Kyrie kann durch verschiedene Bitten entfaltet werden, die die Gemeinde mit dem Gesang »Kyrie eleison« (z.B. EG 178.9 oder 178.12) oder »Herr, erbarme dich« (178.10) beantwortet.

Laßt uns beten zu Gott,
daß uns das Licht dieser Nacht erreiche
und wir nicht leben müssen in der Finsternis des Todes und
    der Angst.
Keiner, auch nicht einer,
kommt um seine Todesnacht herum.
Wir ahnen es ...
Aber wir machen uns viel lieber etwas Anderes vor:
Mit vergeblicher Mühe suchen wir
unsterblich zu werden.

Darum laßt uns zum Herrn rufen:
Kyrie eleison

Es fällt uns schwer, unser Vertrauen auf Gott zu setzen,
nur zögernd können wir in den Osterjubel einstimmen.
Denn wir leben fasziniert von einer Welt des Todes,
bedroht von Habgier und Gewalt, den Krankheiten zum Tode,
zum Tod der ganzen Schöpfung.
Deshalb laßt uns zum Herrn rufen:
Kyrie eleison

Wir sind angewiesen auf Erfahrungen und das Wirken
   der anderen,
auf Spuren, die sie uns hinterlassen,
auf Wege, die schon gegangen sind.
Wir mißachten sie oft und gehen dann in die Irre.
Gehemmt in unserem Selbstvertrauen bleiben wir stehen.
Deshalb laßt uns zum Herrn rufen:
Kyrie eleison

GLORIA
Das Gloria kann in diesem festlichen Gottesdienst wieder von
einem Chor gesungen werden, z.B. das »Gloria, gloria, gloria
Patri et Filio« (Taizé).

KOLLEKTENGEBET

Du lebenschaffender Gott,
dein Licht scheint in die Nacht,
dein Leben überwindet den Tod,
dein Wort durchdringt die Mauern des Grabes.
Wir bitten dich:
Komm zu uns, wecke uns, ruf uns ins Leben.
Dir sei Ehre in Ewigkeit.

LESUNG DER EPISTEL: Kol 3,1-4

OSTER-HALLELUJA mit Zwischenvers: Der Herr ist auferstanden, er ist wahrhaftig auferstanden.

LIED: Auf, auf mein Herz mit Freuden (EG 112,1.2.5.6)

LESUNG DES EVANGELIUMS: Mt 28,1–10

LIED (Chor und Gemeinde): Laudate omnes gentes (EG 181.6)
oder: Christ ist erstanden (EG 99)

ANSPRACHE ODER BILDMEDITATION: Da in diesem Gottesdienst
sehr stark die Zeichen, Symbole und vor allem die Musik wirken
und die Osternachtfeier ein langer Gottesdienst ist, sollte die
Ansprache wirklich kurz sein.

LIED UND TANZ: Gelobt sei Gott im höchsten Thron (EG 103,1–4)
Ein besonders aussagestarkes Element der Osternachtfeier wird
für viele Gottesdienstbesucher ein getanzter Oster-Choral sein.
Der hier vorgelegte Vorschlag stammt aus dem Buch von Wal-
traut Schneider, Lobt ihn mit Tanz, S. 34ff. Eine Gruppe von
Frauen hat den Tanz in einem zur Gemeinde geöffneten Halbkreis getanzt.

FÜRBITTEN
Laßt uns beten in dieser Nacht, in der das Licht der Auferstehung
uns allen leuchtet:
Gott, du haßt den Tod und liebst das Leben,
dich rufen wir an:
(Kyrie eleison)

Wir bitten für alle, die leiden und sterben müssen
    wie dein Sohn.
Für alle Menschen, die verlassen sind,
für alle, die ihr Schicksal nicht mehr ertragen können,
für alle, die weder Sinn noch Ausweg sehen,
bitten wir dich:
(Kyrie)

Für alle, die verbissen und verärgert,
verbittert oder zynisch geworden sind,
bitten wir dich:
(Kyrie)

Für alle Gehemmten und Ängstlichen,
deren Gewissen verkrampft und unfrei ist,
bitten wir dich:
(Kyrie)

Wir bitten dich
für alle, deren Zukunft unsicher ist,
für unsere Kinder,
für alle, die keine Arbeit haben,
für alle, die in unserem Land Schutz und Obdach suchen:
(Kyrie)

Für alle, die mit Unrecht leben müssen
und ihm nicht entkommen können,
für alle, die sich nach Freiheit und Frieden sehnen,
bitten wir dich:
(Kyrie)

Für alle, die mit uns die Osterbotschaft gehört haben,
bitten wir
und auch für die,
die sie nicht verstehen können:
(Kyrie)

Für die ganze Kirche,
den schwachen Keim des neuen Lebens,
auch für sie bitten wir dich:
(Kyrie)

ABENDMAHLSLITURGIE

Gabenbereitung: während Brot und Wein zum Altar gebracht
werden, kann ein Chor singen.

Osterpräfation (dazu vgl. Fischer, Osternacht, S. 100 f.).

Sanctus: Neben dem üblicherweise gesungenen »Heilig, heilig ...«
können hier auch andere Formen des Sanctus gesungen werden.

Einsetzungsworte

Vaterunser: wird als Tischgebet von allen gemeinsam gesprochen.

Friedensgruß:
Im Namen Christi sage ich euch: Es ist Friede mit Gott. Darum
sei auch Friede unter uns allen. Gebt einander ein Zeichen des
Friedens.

Austeilung: Brot und Wein werden weitergegeben oder ausge-
teilt. Die Austeilung kann begleitet werden von Chorgesang
oder durch verschiedene Instrumente wie Orgel und Trompete.

Dankgebet:
Herr, unser Gott.
Wir danken dir. Du hast uns durch viele Nächte unseres Lebens
begleitet. Oft haben wir das kaum bemerkt. Du hast vielen
dunklen Nächten lichte Tage folgen lassen. In dieser Nacht hast
du uns aber weit mehr als das Licht eines neuen Tages geschenkt.
Laß uns das Licht Christi im Glauben empfangen und großzügig
ausstrahlen in allem, was wir denken, tun und füreinander sein
können. Dir, o Herr, gehört unser Dank, unsere Freude und
unser erneuertes Leben.

ENTLASSUNG

SEGEN

KANON (Chor, Gemeinde und Instrumente): Jubilate coeli, jubilate mundi (EG [Niedersachsen/Bremen] 649)

Die vorliegende Ordnung einer Osternacht hat sich mehrfach in der Praxis bewährt. Jede Osternacht wird entstehen als ein Mosaik aus verschiedenen Bausteinen und Anregungen, die je nach Gemeindesituation zusammengesetzt werden müssen. Wertvolle Anregungen für liturgisches Gestalten, Texte und Gesänge finden sich in:

Heinz Fischer, Osternacht (Hg.), Liturgische Konferenz Niedersachsen, Hannover 1993;

Ostern: Predigten, Gottesdienste, Osternachtfeiern, Hg.: Horst Nitschke, Gütersloh 1985;

Liturgieentwürfe für das Kirchenjahr, Hg.: Beratungsstelle für Gestaltung von Gottesdiensten, Frankfurt a. M. 1985;

Waltraud Scheider, Lobt ihn mit Tanz. Neue Vorschläge für den Gottesdienst, Freiburg, Basel, Wien 1990.

Mitten in der Nacht

Osternacht

A. Am Osterfeuer

Willkommen mitten in der Nacht.
Gelobt sei Gott, der Herr,
der uns das Feuer schenkt.
Es erhellt uns die Nacht,
die Nacht des Lebens
und die Nacht des Todes.
Schön ist es, freundlich,
warm und beschaulich,
und zugleich gewaltig stark,
gefährlich und voller Kraft.

GEBET

Feuer schenke uns, Gott,
wenn es dunkel um uns ist,
wenn es kalt ist,
wenn wir uns fürchten.

Laß uns nie allein
mit unseren Sorgen,
mit unserer Not,
mit unserem Geist.

Feuer mach uns, Gott,
wenn uns der Mut verläßt,
wenn wir nicht ein noch aus wissen,
wenn unser Herz schwach wird.

Laß uns Feuer und Flamme sein
für dein Evangelium,
für deine frohe Botschaft,
für deine Liebe.
Amen.

Jesus Christus, gestern und heute,
Anfang und Ende, Alpha und Omega,
sein ist die Zeit und die Ewigkeit,
sein ist die Macht und die Herrlichkeit.
Sein Licht leuchtet uns alle Tage
und vertreibt die Dunkelheit der Herzen.

B. Prozession in die Kirche

C. In der Kirche

OSTERLOB (in der noch dunklen Kirche)

Jubelt, ihr Freunde,
und singt, ihr Chöre,
lobsinge, du Erde,
und frohlocket, ihr Engel,
alles Dunkel,
was euch gefangenhält,
wird weichen,
denn der Herr kommt
und ist König.
Sein Licht
vertreibt die Nacht
und bricht die Macht
des Todes und der Angst.
Es leuchtet uns,
erfüllt uns,
erfüllt den Raum
und unsere Herzen.

(Kerzenlicht weiterreichen)

Dies ist die Nacht,
die unsere Väter,
die Kinder Israels,

aus Ägypten befreit
und auf trockenem Pfad
durch die Fluten
des Roten Meeres geführt hat.

Dies ist die Nacht,
in der die leuchtende Säule
das Dunkel vertrieben hat.

Dies ist die Nacht,
die auf der ganzen Erde alle,
die an Christus glauben,
scheidet von der Finsternis,
und die sich gefangen glauben,
entreißt vom Elend der Sünde.

Dies ist die Nacht,
in der alle,
die sich verloren glaubten,
heimgeführt werden
in das Reich der Gnade.

Dies ist die Nacht,
in der Christus
die Ketten des Todes sprengte
und aufstand als Sieger,
damit alle leben werden.

LIED: EG 114 (Wach auf, mein Herz)
EG 16   (Die Nacht ist vorgedrungen)
EG 473 (Mein schönste Zier)

ERÖFFNUNG

Am Anfang,
als es finster war auf der Tiefe
und der Geist Gottes auf dem Wasser schwebte,
sprach Gott: »Es werde Licht!«

Gemeinde: Und es ward Licht!

Am Anfang,
als es ganz still war,
sprach Gott.

G.: Und Gott war das Wort.

Und als die Zeit reif war,
sandte Gott seinen Sohn.
Er weilte unter uns.

G.: Und er war einer von uns.

(Weltmissionskonferenz San Antonio 1989, aus: Dein Wille Geschehe,
Gottesdienste-Lieder-Gebete. Ev. Missionswerk (EMW), Hamburg
1990)

LIED: EG 268 (Strahlen brechen viele)

1. LESUNG: 2. Mose 14,15–15,1 – Der Auszug aus Ägypten

PSALM: Gemeinsam 1. Mose 15 i. A.

ANRUFUNG

O Gott,
der du das Licht erschufst
und die Menschen liebst,
wir preisen dich
und danken dir
für jede Wahrheit,
Erkenntnis und Entdeckung,
die unser Leben bereichert.

Gemeinde: EG 181,6 (Laudate omnes gentes)

O Gott,
der du deinen Sohn gesandt hast
als Licht der Welt,
wir danken dir
und preisen dich,
denn alle Finsternis der Erde
kann uns nicht mehr schrecken
noch umfangen,

sondern wir bleiben dein,
alle Zeit.

Gemeinde: EG 181,6 (Laudate omnes gentes)

D. Verkündigung

2. LESUNG: Hes 36,16-28 - Ein neues Herz

LIED: EG 230 (Schaffe in mir, Gott)

EPISTEL: Römer 6,3–11 - Mit Christus auferstehen

PSALM: Gemeinsam Psalm 118 i.A.

EVANGELIUM: Markus 16,1–7 - Jesus ist auferstanden

LIED: Sucht den Lebendigen nicht bei den Toten

(Text: L. Zenetti, Melodie: H. G. Bertram, Lieder zum Kirchentag,
Frankfurt 1975 – auch als Ostermeditation geeignet)

E. Abendmahl

ABENDMAHLSGEBET

Gepriesen seist du, Herr, unser Gott,
Schöpfer der Welt.
Du schenkst uns das Brot,
die Frucht der Erde
und der menschlichen Arbeit.
Laß dieses Brot für uns zum Brot des Lebens werden.

Gepriesen seist du, Herr, unser Gott,
Schöpfer der Welt.
Du schenkst uns die Frucht des Weinstocks,
das Zeichen des Festes.
Laß diesen Kelch für uns
zum Kelch des Segens werden.

Wie aus den Körnern das Brot
und aus den Trauben der Wein geworden ist,
so mache aus uns deine Gemeinde,
ein Zeichen der Hoffnung für diese Welt.
Amen.

DANKGEBET

Wir danken dir, Gott
du Schöpfer und Erhalter,
für alle Menschen,
die uns schützen und helfen.
Wir danken dir, Gott,
für Jesus Christus,
deinen Sohn, unseren Bruder,
der uns befreit hat
von Angst und Schuld.
Wir danken dir, Gott,
für deinen guten Geist,
der uns Mut macht,
zum Glauben, Lieben und Hoffen.
Amen.

FÜRBITTE

Wo Unwissenheit, Selbstliebe und Unverständnis
das Leben in der Gemeinschaft zerbrochen haben –

Gemeinde: Schenk' dein Licht, Gott der Liebe.

Wo Ungerechtigkeit und Unterdrückung
den Lebenswillen der Völker brechen –

G.: Schenk' dein Licht, Gott der Befreiung.

Wo Hunger und Armut, Krankheit und Tod
das Leben zu einer unerträglichen Last gemacht haben –

G.: Schenk' dein Licht, Gott der Gnade.

Wo Mißtrauen und Haß, Streit und Krieg
deine Güte zunichte machen –

G.: Schenk' dein Licht, Gott des Friedens.

Ewiger Gott,
nimm die Blindheit von den Nationen und Völkern,
daß sie im Licht der Liebe wandeln mögen;
nimm die Unwissenheit und Verstocktheit
von den Nationen und Völkern,
daß sie von der Quelle deiner Güte trinken mögen.

(Weltmissionskonferenz in San Antonio 1989, a. a. O.)

SEGEN

Mit dem auferstandenen Christus
beginnt alles neu.
Er ist das letzte herrliche Ja Gottes
zu den Menschen,
wie sie in Liebe sein können.
Zwar leben wir noch im Alten,
aber wir leben schon über das Alte hinaus.
Zwar leben wir noch in einer Welt des Todes,
aber wir sind schon über den Tod hinaus.
Zwar leben wir noch in einer Welt der Sünde,
aber sind schon über die Sünde hinaus.
Die Nacht ist noch nicht vorüber,
aber es tagt schon.

(nach Dietrich Bonhoeffer).

So geht mit dem Segen Gottes:
Der Herr segne euch …

LIED: In der Mitte der Nacht

(Text: S. Fritsch-Oppermann, Melodie: F. Baltruweit, Lieder für Kirchentage, Frankfurt 1987)

Die Emmausjünger

Ein Familiengottesdienst zu Ostern

A. Bericht aus der Werkstatt

Ostern steht vor der Tür. Für den Ostermontag ist um 17 Uhr wieder ein Familiengottesdienst in die Gottesdienstplanung aufgenommen. Auch die Kinder sollen einen besonderen Gottesdienst zu Ostern haben. Aufgrund der sonstigen familiären Planungen – Ausschlafen, Besuche, Eiersuche – halten vor allem die Mütter den späten Nachmittag am 2. Ostertag für einen günstigen Termin. Der agendarische Gottesdienst am Vormittag entfällt dann in unserer Dorfgemeinde.

Beim ersten Treffen steht die Suche nach dem Schwerpunkt, nach einem Thema im Mittelpunkt. Die biblischen Auferstehungsgeschichten scheinen uns auf den ersten Blick zu weit von den Kindern entfernt, zu schwer für eine kindgemäße Umsetzung im Familiengottesdienst. Der entscheidende Impuls kommt durch einen Blick in den »Plan für den Kindergottesdienst 1995/97«: Dort ist für 1996 die Geschichte von den Emmaus-Jüngern (Lk 24,13-35) vorgesehen.

Im Nach-Denken dieser vertrauten Erzählung entdecken wir, wie gut sie sich für die Gestaltung eignet. Die Jünger sind auf dem Weg. Das könnten wir umsetzen in einen Gottesdienst mit viel Bewegung: Die Kinder sollen in der Rolle der Emmausjünger deren Weg zurücklegen und dabei durch die Kirche ziehen. Schnell sind fünf Schritte unterschieden, mit denen die Struktur des Gottesdienstes festgelegt wird:

1. Zunächst sind die Jünger / Kinder nach der Kreuzigung niedergeschlagen und traurig auf dem Heimweg von Jerusalem nach Emmaus, vom Altarraum in den hinteren Teil der Kirche.

2. Unbekannterweise begegnet ihnen der auferstandene Jesus und deutet ihnen das Geschehen. Dabei wird ihre Trauer leichter, auch wenn sie Jesus (noch) nicht erkennen. (Die Jünger beschrei-

ben das rückwirkend in V. 32: »Brannte nicht unser Herz in uns, als er mit uns redete auf dem Weg und uns die Schrift eröffnete?«.) Dabei kommen die Kinder wieder zum Altarraum.

3. Hier brechen sie Brot und essen Trauben. Als sie Jesus erkennen, ist er verschwunden.

4. Die Kinder laufen mit der frohen Botschaft durch die Kirche – zurück nach Jerusalem.

5. Wir weiten unseren Blick über die in der Kirche Anwesenden hinaus und wenden uns – in Fürbitte und Segen – dem Alltag zu.

Für die weitere Ausgestaltung überlegten wir uns, daß die Kinder während des traurigen Abschnitts unter dunklen Decken gehen sollten. Das (Zurück-) Laufen könnte man dagegen durch bunte Tücher auch optisch fröhlich gestalten. In den drei Bewegungsabschnitten sollten die jeweiligen Gangarten den Stimmungen entsprechen: trauriger, eher schleppender Gang von Jerusalem nach Emmaus, der allerdings in der Begegnung mit Jesus bereits sicherer wird, und befreites Laufen und Springen beim Überbringen der frohen Botschaft.

Jetzt galt es, die einzelnen Abschnitte genauer inhaltlich und gestalterisch zu füllen. Zur Hilfe blätterten wir in verschiedenen Materialien und entdeckten in »Was und Wie?« (Heft 1/1992) einen Entwurf, in dem – allerdings in anderer Weise – die Emmausgeschichte ebenfalls in Bewegung für die Kinder umgesetzt worden ist. Die Anregung für den Smily und z.T. auch für die Lieder haben wir jedoch aufgegriffen.

Aus dem Fundus der bei uns bekannten – und vor allem bei den Kinder auch beliebten – Lieder wählten wir »Das wünsch ich sehr« (T.: K. Rose / M.: D. Jöcker, z. B. in Menschenskinderlieder, Frankfurt 1987, Nr. 5). Dazu gefielen uns: »Große Leute, kleine Leute« (T.: R. Krenzer / M.: L. Edelkötter, in: R. Krenzer, Von Jesus will ich euch erzählen, Limburg 1988, S. 280); »Osterglockenliedchen« (T. + M. Stoodt, in: M. Stoodt, Die Schöpfung erleben, Göttingen 1992, S. 24); »Eine freudige Nachricht breitet sich aus« (T. + M.: M. G. Schneider, z. B. in: Menschenskinderlieder, Nr. 117); »Christ ist erstanden« (EG 99 oder: Menschenskinderlieder, Nr. 115).

Für die einzelnen Schritte sollte passende Musik als Unterstützung der jeweiligen Stimmung gespielt werden. Als Begleitmusik für die einzelnen Schritte entschieden wir uns für:

– Giora Feidman, Music from »Schindler's List« (auf: In Jerusalem, Pläne 1994 (1. Musik: Die ersten Takte haben wir weggelassen.)

– Black Sabbath: scarlet pimpernel (auf: Black Sabbath, The eternal idol, Polygram international 1987) (2. Musik)

– Die frohe Musik zum 3. Schritt, die in Tanzmusik übergehen sollte, spielte einer unserer Mitarbeiter auf der Gitarre. Wie übrigens alle Lieder von einer dreiköpfigen Gitarrengruppe mit uns gesungen wurden.

Obwohl wir recht bald in unseren Vorbereitungen soweit gekommen waren, blieben dennoch einige Fragen offen, die noch viel Zeit und Phantasie erforderten:

– Wir haben die Tradition entwickelt, daß in besonderen Gottesdiensten die Besucherinnen und Besucher, groß und klein, etwas zum Mitnehmen in die Hand bekommen: z.B. ein Fensterbild zu Weihnachten, einen Apfel oder ein Lesezeichen zum Erntedank, Osterglocken zu Ostern. Was könnten die Kinder (und die Erwachsenen) aus diesem Gottesdienst mitnehmen? In der Abwägung verschiedener Einfälle blieben wir am Ende wieder bei den Osterglocken hängen. So ist es bei uns inzwischen schon beinahe Tradition geworden, daß sie uns in einem der Ostergottesdienste Ostern »einläuten«. Um auch den Kindern etwas mitzugeben, gefiel uns die Idee der Smilies mit dem fröhlichen Gesicht auf der Vorder- und dem traurigen auf der Rückseite aus »Was und Wie?« so gut, daß wir sie übernommen haben.

– Wie sollten die Erwachsenen in den Gottesdienst miteinbezogen werden? Es war schnell klar, daß sie in erster Linie Zuschauer und Zuhörer der »Wanderung« durch die Kirche bleiben würden. Doch wollten wir sie über das Singen hinaus in das Gesamtgeschehen integrieren. Vor allem beim Brotbrechen sollten sie uns nicht nur zusehen. Sollten wir mit allen Abendmahl feiern? Doch dann wäre umgekehrt die Frage nach der Rolle der Kinder zu klären. Wir haben zwar eine großzügige Regelung für die Teilnahme von Nichtkonfirmierten am

Abendmahl, doch stecken Überlegungen für die Einführung des Kinderabendmahls erst in den Anfängen, so daß wir hier dem Entscheidungsprozeß in der Gemeinde weit vorausgeeilt wären. So kam für uns ein Abendmahl mit Kindern und Erwachsenen nicht in Frage. Umgekehrt wollten wir die Kinder gerade in diesem Gottesdienst auch nicht von einem Teil des Gottesdienstes ausschließen. Darum entschieden wir uns gegen ein Abendmahl und für Brot und Trauben, die auf dem Altar bereitgestellt wurden. Zuerst sollten die Kinder im Altarraum das Brot brechen und Trauben essen. Dazu sollten sie sich auf »die dunklen Decken der Traurigkeit« von ihrer Wanderung setzen. Nachdem Brot und Trauben in diesem Kreis einmal herumgegeben waren, würden dann Kinder aus der Gruppe Brot und Trauben an die Erwachsenen verteilen.

– Lange Zeit haben wir überlegt, die Freude beim Brotbrechen optisch eindrücklich zu gestalten. Wir stellten es uns schön vor, im Altarraum aus langen bunten Kreppstreifen ein »Zelt« oder ein Haus zu haben. Es wäre möglich, diese Konstruktion an dem Haken, an dem sonst der Adventskranz oder die Erntekrone hängen, in die Höhe zu ziehen. Darunter wollten wir uns dann im Kreis sammeln. Von hier aus würden wir die Osterglocken austeilen, hier könnten wir die Fürbitte beten und den Segen empfangen.

Verschiedene Variationen der Abfolge der in diesem Teil geplanten Schritte – »Zelt«, Verteilen der Osterglocken, Fürbitte, Vaterunser, Segen – haben wir durchgespielt. Wegen der sich dann ergebenden Fülle haben wir diese Idee jedoch wieder fallengelassen. Wir befürchteten diesen Abschnitt zu überfrachten. So sollten die Kinder nur noch bunte Kreppstreifen erhalten und damit durch die Kirche laufen. Uns war bewußt, daß wir so darauf verzichteten, das Symbolische in den schwarzen Tüchern noch deutlicher aufzunehmen, als es mit den bunten Bändern allein geschehen würde.

– Theologisch wichtig war für uns die Frage: Wie tritt der »Fremde« = der auferstandene Jesus auf? Sollte die Rolle von einem Erwachsenen übernommen werden? Das legte am stärksten die Gleichsetzung dieser Person mit Jesus fest und würde die Bedeutung des Auftretens betonen. Jesus würde greifbar. Oder sollte ein Kind diese Rolle übernehmen? Die Kinder sind ja auch die Jünger. So würde der Auftritt etwas verfremdet und die Bedeutung zurückgenommen werden. Oder sollte Jesus gar nicht auftreten? Ist es denn überhaupt möglich, den Auferstandenen darzustellen? Die Jünger erkennen ihn ja nicht. Doch wer bricht dann das Brot? Wenn aber Jesus auftritt: Wie verschwindet er? Das waren nicht nur dramaturgische Fragen, sondern auch theologische. Wir haben uns schließlich für folgende Lösung entschieden: Der Erzähler – bei uns war es aus praktischen Erwägungen tatsächlich ein Mann – geht den ganzen Weg mit den Kindern durch die Kirche. Im ersten Schritt ist er eindeutig »nur« Erzähler. Bei den beiden nächsten Schritten – Begegnung mit Jesus und Brotbrechen – bleibt dann seine Rolle in der Deutung offen. Aus der Distanz ist er weiter ein Erzähler, der eine alte, längst vergangene Geschichte erzählt. Doch im Prozeß der Erzählung, wird für die Kinder diese Geschichte durch das Mitspielen und Mitgehen gegenwärtig. Mit ihnen geht ein Ausleger biblischer Überlieferung, wie Jesus mit den Jüngern geht. Damit wird dann zugleich die Trennung zwischen Erzähler und Jesus aufgehoben. Am deutlichsten wird dies in Schritt drei: vom Brotbrechen wird nicht nur erzählt, der Erzähler teilt das Brot unter den Kindern. Aber er berichtet nur vom Verschwinden, während er selbst sitzen bleibt. So wird Jesus nicht personifiziert und der Auferstandene wird für uns ebenso wenig greifbar wie damals für die Jünger. Außerdem muß nicht sein Verschwinden dargestellt werden.

– Schließlich wurde für den Kindergottesdienst verabredet, daß zur Vorbereitung auf den Familiengottesdienst mit den Kindern zu verschiedenen Stimmungen passende Gangarten überlegt und eingeübt werden sollten: langsames Gehen mit hängendem Kopf und Schultern: von einer Last »bedrückt«; gefaßtes aufrechtes Gehen; freudiges Laufen und Tanzen. Dafür haben wir den Kindergottesdienst statt im Gemeindehaus in der Kirche gefeiert, damit viel Platz zur Verfügung stand und die Kinder sich schon auf diese für solche Aktionen ungewohnte Umgebung einstimmen konnten.

B. Der Gottesdienst – ausführlicher Ablauf

Mit den im folgenden wiedergegebenen Notizen haben wir den Gottesdienst durchgeführt. Die angeführte wörtliche Rede enthält Einfälle aus der Vorbereitung und war eine Hilfe für die jeweiligen Erzählabschnitte. Zugleich läßt sie als »Regieanweisung« das Geschehen deutlich werden. Die Erzählung selbst wurde im Gespräch mit den Kindern frei formuliert. Die Zwischenüberschriften dienten uns zur Orientierung.

Ankommen

– Instrumentalmusik der Gitarrengruppe
– Begrüßung
– Lied: Große Leute, kleine Leute

1. Ein trauriger Weg

»Zwei Jünger sind nach dem Tod Jesu am Kreuz auf dem Heimweg in ihren Heimatort.«
»Könnt ihr euch vorstellen, wie ihnen zumute war?«
»Kommt nach vorne in den Altarraum, macht es vor«:

einige Schritte traurig gehen.

»Kommt alle nach vorne. Wir wollen das gemeinsam machen«
»Wir wollen den Weg der Jünger zusammen gehen.«
»Wenn wir traurig sind, dann erscheint uns alles dunkel.«

Schwarze Decken werden über die Kinder gehalten. Die Decken liegen auf den Kindern: sie spüren die Last.
(Wir hatten dafür Bettbezüge und -laken zur Verfügung.)

»Mantel der Traurigkeit« / »schwere schwarze Wolke«

ERSTE MUSIK: Giora Feidman
Wir gehen langsam mit hängenden Schultern durch die Kirche.

»Wenn wir so traurig sind, dann können wir ein Lied gebrauchen. Ein Lied, daß von unseren Wünschen, von unseren Hoffnungen erzählt:«
LIED: »Das wünsch ich sehr . . .« (verhalten gesungen)

2. Brannte nicht unser Herz?

»Ihnen begegnet ein Fremder.«
»Er erzählt von Jesus: von seinem Leben.«
»Er ist von Gott, auch wenn er am Kreuz gestorben ist.«
»Sie wissen nicht, wer mit ihnen geht und spricht.«
»Doch sie spüren: er macht ihnen Mut. Ihre Trauer ist nicht weg. Doch ihre Herzen sind froher.«
»Könnt ihr so gehen, wie ein Jünger?«

ZWEITE MUSIK: Black Sabbath

Der Gang wird straffer/aufrechter

(»brannte nicht unser Herz?«).

LIED: »Das wünsch ich sehr…« (schneller als beim 1. Mal)

3. Er brach das Brot

Wir versammeln uns im Altarraum.

»Es wurde Abend. Sie gehen gemeinsam ins Haus.«

Wir setzen uns auf den Boden und nehmen dazu die Decken von vorher als Unterlagen. Vom Altar werden Brot und Trauben gereicht.

»Er nahm das Brot, dankte, brach's, gab es.«: tun!
»Da wußten sie: Das war Jesus!«
»Doch im selben Moment war er nicht mehr da.«
»Eben hatte er noch das Brot gebrochen und geteilt – nun war er nicht mehr zu sehen.«
»Sie aßen Brot und tranken Wein. Und sie freuten sich: Jesus lebt. Jesus ist da.«

Die Kinder essen Brot und Trauben. Wenn das Brot einmal rumgegeben ist, bringen 4 Kinder Brot und Trauben zu den Erwachsenen.

DRITTE MUSIK: ruhig, doch frohe Musik, sie geht über in fröhliche (Tanz)musik (Gitarre)

LIED: »Eine freudige Nachricht…« (2 x Ref.)
»Christ ist erstanden« (1 x)
»Eine freudige Nachricht… (2 x Ref.)

4. Sie liefen zurück nach Jerusalem

»Was haben die beiden jetzt wohl gemacht?«
»Ja, sie liefen zurück nach Jerusalem zu den anderen und haben
ihnen erzählt, was sie erlebt haben.«

Die Kinder bekommen bunte Kreppbänder
Sie laufen / rennen / tanzen durch die Kirche
Wieder Sammeln im Altarraum:
Die Kinder bringen Osterglocken zu den Erwachsenen.

LIED: Osterglockenlied (Str.1)

5. Wir bringen die frohe Botschaft anderen Menschen

Die Kinder kommen wieder in den Altarraum.
Sie stehen im Kreis und fassen sich an den Händen.

»Die Jünger hatten erfahren: Jesus lebt.
Er ist nicht tot. Sie hatten die frohe Botschaft weitergesagt.«
»Wir haben uns auch gefreut: wir haben gegessen, ihr seid
gelaufen und habt getanzt.«
»Und ihr habt die Freude weitergegeben.
Ihr habt den Erwachsenen die Osterglocken geschenkt.«
»Wir wollen an die Menschen denken, die diese Freude auch
brauchen. Wir wollen das im Gebet tun.«

FÜRBITTE / VATERUNSER

SEGEN

LIED: Christ ist erstanden

MUSIK zum Ausgang

C. Fürbitte

Gott,
die Jünger waren traurig,
weil ihnen Jesus durch den Tod genommen war.
Doch du hast ihm neues Leben geschenkt.
So konnten die Jünger wieder fröhlich werden.

Gott,
schenke auch uns Osterfreude
und laß unser Leben froh und hell werden.

Gott,
wir bitten dich für die Einsamen:
Laß jemand zu ihnen hingehen
und sie besuchen.

Gott,
wir bitten dich für die Traurigen:
Sende ihnen einen Menschen,
der sie in den Arm nimmt
und tröstet.

Gott,
wir bitten dich für die Kranken:
Laß sie möglichst wieder gesund werden
und schenke ihnen Kraft aus dem Glauben.

Gott,
wir bitten dich für die Menschen,
denen die Zukunft nur noch finster erscheint:
Schenke ihnen Hoffnung,
damit sie wieder froh werden können.

Gott,
wir beten zu dir,
wie wir es von Jesus gelernt haben:
Vater unser im Himmel…

D. Kurzer Rückblick

Den vorstehenden Gottesdienst haben wir am Ostermontag 1995 in unserer Dorfkirche gefeiert. Bei uns lebte er sehr stark von der Person des Erzählers, der die Hauptlast des Gottesdienstes trug. Um den Kindern die oben geschilderte Offenheit bei der Deutung als Erzähler und Jesus zu ermöglichen, haben wir darauf verzichtet, diesen Part auf mehrere Personen zu verteilen.

Trotz des mit Bedacht gewählten Termins am Ostermontag um 17 Uhr war die Resonanz leider sehr gering. Jedoch haben die Anwesenden – Kinder wie Erwachsene – begeistert mitgemacht und sich hinterher entsprechend positiv geäußert. So wurden wir mit der geringen Teilnahme versöhnt. Zumal uns bereits die Vorbereitung viel Spaß gemacht hatte.

Der große Akkord des Lebens

Ostergottesdienst mit Taufen

MUSIK / POSAUNENCHOR

BEGRÜSSUNG

Wir freuen uns an diesem Ostermorgen,
denn Gott bringt Licht in das Dunkel des Todes.
Mit den Frauen und ersten Zeuginnen
hören wir die Botschaft:
Christus ist auferstanden.
Er ist wahrhaftig auferstanden.
Wir wollen alle fröhlich sein!

LIED: EG 100, 1+2 (Wir wollen alle fröhlich sein)

VOTUM

Die Auferstehung Jesu feiern wir,
wir werden die Kinder N.N., N.N. und N.N. taufen
und gemeinsam Brot und Wein nehmen:

Im Namen Gottes,
der uns das Leben schenkt.
Im Namen Jesu,
der den Tod überwindet.
Im Namen des Heiligen Geistes,
der uns aufrichtet.
Amen.

Der Herr sei mit euch!
Und mit deinem Geist!

PSALM 118 – EG Stamm 747

Wir lesen im Wechsel miteinander den Psalm 118:

(Die eingerückten Verse lese ich und Sie beginnen vorne …
Bis: Dies ist der Tag, den der Herr macht; laßt uns fröhlich sein.)

Kommt laßt uns anbeten!
Ehr sei dem Vater ...

ÜBERLEITUNG ZUR LESUNG

Laßt uns nun die Geschichte des Tages
nach den Markusevangelium hören, sehen und singen:

(Für die Kinder werden Dias von Kees de Korth o. ä. eingeblendet.)

LESUNG: Markus 15,24–47 – Jesu Begräbnis

Jesus war am Kreuz gestorben. Als es bereits abend wurde – es
war ja der Rüsttag, das heißt: der Tag vor dem Sabbat –, kam
Joseph von Arimathia, ein angesehenes Mitglied des Hohen
Rates, der selbst zu denen zählte, die das Reich Gottes erwarteten. Der wagte es, zu Pilatus hineinzugehen und um den
Leichnam Jesu zu bitten. Pilatus staunte darüber, daß Jesus
schon gestorben sein sollte, rief den Hauptmann zu sich und
fragte ihn, ob der Tod schon eingetreten sei. Und als er es von
dem Hauptmann bestätigt bekommen hatte, überließ er Joseph
den Leichnam. Der kaufte ein Linnen, nahm ihn herab, wickel-
te ihn in das Linnen und setzte ihn in einer Grabkammer bei,
die in den Fels gehauen war, und wälzte einen Stein vor den
Eingang des Grabes. Maria von Magdala aber und Maria, die
Mutter des Joses, sahen, wo er beigesetzt war.

(Bibeltext nach Ulrich Wilckens)

ZEICHENHANDLUNG: Dornenkrone und schwarzes Tuch vom
Altarkreuz abnehmen

LIED: EG 116, 1–2 (Er ist erstanden)

LESUNG: Markus 16,1–5 – Die Frauen am Grab

Als der Sabbat vorüber war, kauften Maria aus Magdala, Maria,
die Mutter des Jakobus, und Salome Kräuteröle, um hinzugehen
und ihn zu salben. Und frühmorgens am ersten Wochentage
kamen sie zu dem Grab, als eben die Sonne aufging, und sagten zueinander: »Wer wälzt uns den Stein von der Tür des Grabes weg?« Als sie hinschauten, sahen sie, daß der Stein wegge-

wälzt war. Und als sie die Grabkammer betraten, sahen sie einen Jüngling zur Rechten sitzen, angetan mit einem blendweißen Gewand; und sie wurden starr vor Schrecken.

ZEICHENHANDLUNG: Blumen auf den Altar stellen

MUSIK: Ich weiß, daß mein Erlöser lebt
(aus: G. F. Händel, Messias)

LESUNG: Markus 16,6–8 – Die Botschaft des Engels

Die Gestalt im Grab sprach zu ihnen: »Erschreckt nicht! Jesus von Nazareth sucht ihr, den Gekreuzigten? Er ist auferweckt worden, hier ist er nicht! Siehe, da ist die Stätte, wo sie ihn beigesetzt haben! So geht denn hin und sagt seinen Jüngern und Petrus: Er geht euch nach Galiläa voran; dort werdet ihr ihn sehen, wie er euch gesagt hat«. Da gingen sie hinaus und flohen fort von dem Grabe, gebannt von Zittern und Entsetzen. Und sie sagten niemand etwas; denn sie fürchteten sich.

ZEICHENHANDLUNG: Alle Glocken läuten

LIED: EG 116, 3+4 (Er ist erstanden)

ÜBERLEITUNG ZUM CREDO

An besonderen Feiertagen
bekennen wir unseren Glauben
mit dem Nizänischen Glaubensbekenntnis.
Sie finden es im Gesangbuch unter der Nummer 805.

Nach langen Gesprächen wurde es
im 4. Jahrhundert bei einem Konzil aufgeschrieben.
Es ist das ökumenischste Glaubensbekenntnis,
weil es bis heute in den östlichen Kirchen,
aber auch in den römisch-katholischen
und in den evangelischen gemeinsam gesprochen wird.

NIZÄNISCHES GLAUBENSBEKENNTNIS – EG Stamm 805

Liebe Tauffamilien,
Eltern und Paten!

Jede Geburt ist mit Schmerz verbunden
für die Mutter und das Kind,
und ist ein Wunder für alle,
die sie miterleben dürfen.
Aufregend und spannend
ist jeder neue Tag,
den uns Gott schenkt.

Wir wissen,
das Leben ist ein Kreuz,
manches Schwere stellt sich ein
und macht uns zu schaffen,
kein Leben ist ohne Leiden.

Wir wissen aber auch,
daß die Liebe siegt
und Gott unser Unglück
in Glück verwandelt,
daß er zu uns Ja sagt
wie einst zu Jesus am Kreuz.

Die Taufe ist Gottes Liebeserklärung
an Ihre Kinder:
Er sagt: Du Menschenkind,
dich liebe ich,
dich will ich halten
und führen durch Feuer und Wasser,
dich will ich geleiten
vom Tod zum Leben.
Fürchte dich nicht,
ich habe dich bei deinem Namen gerufen.
Du bist mein.

Weil unsere Hände allein
nie ausreichen werden,
dürfen wir uns und unsere Kinder
Gottes starken Händen anvertrauen,

die behüten und beschützen,
uns tragen und halten wollen
ein ganzes Leben lang
bis in den Himmel hinein.

Das Leben kann ein Kreuz sein,
aber die Liebe Gottes siegt.
Und so taufen wir Menschen in Jesu Namen
und nehmen sie in die weltweite Gemeinschaft
    der Christen auf,
und hoffen und beten für sie,
daß sie wachsen und zu aufrechten Menschen werden
in der Kraft des Heiligen Geistes,
voller Vertrauen, voller Liebe und voller Hoffnung.

TAUFKERZEN/OSTERLICHTER

Wir alle leben vom Licht Gottes,
vom Licht der Auferstehung,
deshalb entzünden die Paten jetzt
an der Osterkerze die Kerzen,
die während der Taufen brennen sollen.
Später dann sollen sie Euch am Tauftag
oder am Geburtstag erfreuen
und an die Taufe erinnern.

Jesus Christus spricht:
Ich bin das Licht der Welt,
wer mir nachfolgt,
hat das Licht, das zum Leben führt,
und wird nie mehr im Dunkeln tappen.
(Joh 8,12)

Und so wollen wir nun alle das Osterlicht weitergeben
und unsere Kerzen entzünden.

Jesus Christus hat gesagt:
Ihr seid das Licht der Welt.
Laßt dieses Licht leuchten vor den Menschen,
daß sie in euren Taten
etwas davon sehen

und euren Vater im Himmel preisen.
(Nach Mt 5,14+16)

TAUFFRAGE AN DIE ELTERN UND PATEN

Wollen Sie, liebe Eltern und Paten,
daß Ihre Töchter und Söhne
auf den Namen des Vaters, des Sohnes
und des Heiligen Geistes getauft werden,
so antworten Sie mit einem: Ja.

(Antwort der Eltern und Paten)

Wollen Sie als Eltern und Paten
Ihr Kind als Geschenk Gottes betrachten
und auf seinem Lebensweg begleiten,
ihm helfen zu wachsen und zu werden
zu einem aufrechten Menschen?

Wollen Sie Ihr Kind, Ihr Patenkind,
durch Ihre Liebe spüren lassen,
wie Gott die Welt liebt,
damit es Vertrauen findet,
sich selbst und andere lieben kann?

Sind Sie bereit mit ihm zusammen
auch immer wieder nach Gottes Hand,
nach seinem Willen und seinen Worten,
seiner Geschichte mit uns zu fragen,
ihm das eigene Leben anzuvertrauen,
und dafür im Gebet zu danken?

Sind Sie bereit, Gemeinschaft
mit anderen Christen zu pflegen,
damit sein und euer Glaube wachsen kann
und ihr gemeinsam Wegbegleiter findet
in guten wie in schlechten Zeiten?

So antwortet als Eltern und Paten:
Ja, mit Gottes Hilfe.

(Antwort der Eltern und Paten)

TAUFSPRUCH

Nun bringen Sie Ihre Kinder zur Taufe.

(In der Reihenfolge des Alphabets. Die Tauffamilien bilden jeweils einen Halbkreis um's Taufbecken, damit sie von allen gut gesehen werden.)

N.N., du Kind deiner Eltern und du Kind Gottes,
alle Tage soll dich dein Taufspruch begleiten
und dir helfen, Gott und dem Leben zu vertrauen:

(Verlesung des Taufspruches)

TAUFE

N.N. wir taufen dich
im Namen des Vaters,
des Sohnes
und des Heiligen Geistes.
Amen.

HANDAUFLEGUNG

Liebe Eltern und Paten
legt nun eurem Kind die Hände auf,
damit es durch eure Nähe
die Nähe Gottes spürt
und wir gemeinsam
um Gottes Segen bitten können:

SEGEN

N.N. wir geben dir
das Zeichen des Kreuzes: +
Gott der Herr,
sei deine Sonne und dein Schild,
die Kraft zu allem Guten
und dein Schutz in allem Schweren
durch Jesus Christus,
unseren Bruder und Freund.
Amen.

LIED: EG 200, 1+2 (Ich bin getauft auf deinen Namen)

Und die Liebe des Kreuzes,
die Macht der Auferstehung,
und die Gegenwart des lebendigen Gottes
sei mit euch allen! Amen.

OSTERPREDIGT

Liebe Ostergemeinde!

Eine Klavierlehrerin hat mir einmal
von einer schlaflosen Nacht erzählt.
Ihre Tochter sollte eigentlich ins Bett gehen.
Sie waren eingeladen gewesen
und es war spät geworden.
Ihre Tochter aber spielte noch etwas Klavier.
Eine schöne Sonate.
Aber ihre Mutter ärgerte sich
und orderte sie laut ins Bett.
Die Tochter brach das Musikstück ab,
kurz vor dem Schluß und verzog sich.
Und auch die Mutter ging schlafen,
aber fand keine Ruhe.
Irgendetwas stimmte nicht,
in ihrem Herz, in ihrem Kopf.
Nach einer Weile stand sie auf
und ging hinunter ans Klavier
und spielte das Stück zu Ende.
Dann ging es ihr gut,
fand auch sie Ruhe

Wir können das selbst mit jedem Lied ausprobieren: ...
(die Orgel spielt z. B. EG 116 oder 200
oder ein anderes bekanntes Lied ohne Schluß)

Da fehlt uns etwas.
Auf der anderen Seite können wir uns auch
nur den Schluß anhören: ...
(die Orgel spielt vom gleichen Lied nur den Schluß)

Irgendwie kommen wir leicht herein,
erinnern wir uns an das ganze Lied.
Genauso ist es mit den Ostergeschichten.
Gott sorgt für einen großartigen Schluß.
Für einen Schluß, der gar kein Ende,
sondern ein neuer Anfang ist.
Er läßt Jesus auferstehen,
uns allen voran, als ersten,
und als unsere Hoffnung.
Damit wir wissen, die Melodien des Lebens,
und mögen sie manchmal noch so schief klingen,
die Melodien unseres eigenen Lebens,
und mögen sie noch so traurig erscheinen,
und die Melodien der ganzen Weltgeschichte,
mögen sie noch so düster klingen,
sie werden volltönig und rund werden.
Gott meint es gut mit uns.

Die Geschichte vom leeren Grab
ist witzlos, wenig interessant,
wenn wir nicht die Geschichten,
die davor von Jesus erzählt werden, betrachten.

Überall, wo er auftauchte,
brachte er das Leben ans Licht.
Er holte Menschen aus ihrer Einsamkeit
und stellte sie in die Gemeinschaft.
Er vergab ihnen ihre Schuld,
damit sie neu leben konnten.
Er heilte ihre Wunden,
damit sie ganz würden.
Er berührte Menschen,
damit sie lieben lernten.

Das war alles gut und schön, so lange er lebte.
Mit seinem Tod hörte das auf.
Dachten zuerst alle,
seine Feinde und seine Freunde.
Aber sie hatten sich getäuscht.

Jesus war tot und er ist auferstanden.
Das ist bisher einmalig.
Es ist kaum zu glauben.
Und wir tun uns wahrscheinlich
alle damit schwer,
wenn wir ehrlich sind.
Denn so etwas haben wir
noch nie gesehen.

Wir sehen oft nur das Leid und das Unglück
und stehen an den Gräbern unserer Lieben,
und fürchten uns vor allem,
und weinen ohne Ende,
und nichts wird gut.

Wir hören oft in unserem Leben
nur die Mißtöne,
wo alles schiefgeht,
wo nichts klappt,
wo alles verloren scheint.

So könnten wir vergehen,
wären nicht da die Geschichten um Jesus.
Gott erweckt ihn zum Leben,
vollendet seine Lebensgeschichte
in einem bisher einmaligen Finale,
in einem Schlußakkord,
der uns ergreifen und tragen will.

Das leere Grab ist das große Finale,
das uns an alle guten Dinge erinnert,
die sich zuvor ereigneten,
und an alles Gute,
das noch kommen wird.
Es ist die freudige Erinnerung,
Jesus zu vertrauen.

Ostern ist unsere Hoffnung.
Im Licht der Ostersonne sieht die Welt anders aus,
finden sich Wege aus der Dunkelheit,

verwandelt sich alles: Trauer in Freude,
Ängste in Mut und Ohnmacht in Kraft.

Wir dürfen auferstehen,
schon heute.
Wir dürfen uns aufrichten
an Gottes Verheißungen.
Wir dürfen leben,
trotz allem Sterben.

Gott will uns befreien
und zu Geschwistern machen,
die seinen Spuren folgen:
aufstehen und lieben
aufstehen und handeln und helfen,
aufstehen und füreinander dasein und sorgen,
aufstehen und für Recht sorgen,
aufstehen gegen den Tod,
der uns in so vielen Weisen gefangenhält
und das Leben zerstört und behindert.
Das ist unser Weg als Pilger
auf den Spuren des Mannes aus Nazareth.

Und der Friede Gottes erfülle ...

LIED: Pilger sind wir Menschen

(Text: Diethard Zils, Melodie: Edward Elgar, in: Melodien, die uns
beflügeln/Fundgrube 3, BDKJ/BJA Diözese Mainz 1983)

GEBET

Gott,
in deinen Händen
werden Steine zu Brot,
in deinen Händen
wird Wasser zu Wein.

Unsere Hände
sind oft schwach,
und oft genug
richten wir Schaden an.

Vergib uns
unsere Fehler
und unsere Schuld.

Erfülle uns mit deiner Liebe
und mit deiner Kraft,
damit wir unsere Hände öffnen
und weitergeben,
was wir Gutes empfangen haben.
Amen.

EINSETZUNGSWORTE

Wir empfangen von dem einen Herrn
und teilen untereinander:
Brot und Wein, Leben und Liebe,
so wie es Jesus uns gezeigt hat:

In der Nacht, da er verraten wurde ...

Deinen Tod verkünden wir
und deine Auferstehung preisen wir,
bis du kommst in Herrlichkeit,
Christe, du Lamm Gottes!

AGNUS DEI

EINLADUNG

Erkennt euch in Jesus Christus
als Schwestern und Brüder.
Keiner sei gegen den andern.
Nehmt einander in Liebe an,
wie Jesus Christus euch angenommen hat.
Schmeckt und seht,
wie freundlich der Herr ist.
Kommt, denn es ist alles bereit.
Gott lädt jeden ein zu seinem Fest.

AUSTEILUNG

Gott spricht:
»Ich will dich unterweisen
und dir den Weg zeigen,
den du gehen sollst;
ich will dich mit meinen Augen leiten.«
(Ps 63,8)

Gott hat den Engeln befohlen,
uns zu behüten auf all unseren Wegen.
Sie werden uns auf den Händen tragen,
daß unsere Füße nicht an einen Stein stoßen.
(Ps 91,11–12)

Gott spricht:
»Ihr sollt in Freuden ausziehen
und in Frieden geleitet werden.«
(Jes 55,12 a)

Jesus Christus spricht:
»Selig, die hungern und dürsten
nach der Gerechtigkeit,
denn sie werden gesättigt werden.«
(Mt 5,6)

Jesus Christus spricht:
»Ich bin in die Welt gekommen als ein Licht,
damit, wer an mich glaubt,
nicht in der Finsternis bleibt.«
(Joh 12,46)

Jesus Christus spricht:
»Den Frieden lasse ich euch,
meinen Frieden gebe ich euch.
Nicht gebe ich euch, wie die Welt gibt.
Euer Herz erschrecke nicht
und fürchte sich nicht.
(Joh 14,27)

Jesus Christus spricht:
»Ich war tot, und siehe,

ich bin lebendig von Ewigkeit zu Ewigkeit
und habe die Schlüssel des Todes und der Hölle.
(Offb 1,18)

Lied: EG Hessen 580, 1+2 (Daß du mich einstimmen läßt)

Fürbitten

Schenke uns, Gott,
von deiner Schöpferkraft
so viel und so reichlich,
daß wir aufstehen können
und tragen,
was uns das Leben aufgibt.

Wir bitten dich
für alle, die traurig sind,
daß sie die Kraft finden,
aus ihrer Trauer heraus
zum Leben zu kommen.
Herr, erbarme dich!

Wir bitten dich
für alle, die geschlagen werden,
daß sie Hilfe finden
und ein Leben ohne Gewalt
und ohne Krieg und Gefahr.
Herr, erbarme dich!

Wir bitten dich
für alle Kinder,
daß wir ihnen beistehen
und sie Raum finden,
sich selbst und andere zu lieben.
Herr, erbarme dich!

Wir bitten dich
für unsere geteilten Kirchen,
daß sie zusammenfinden
und miteinander Hoffnung wecken

und deine Botschaft leben.
Herr, erbarme dich!

Und in der Stille bringen wir vor dich,
was uns besonders am Herzen liegt ...

Schenke uns Gott
von deiner Schöpferkraft
so viel und so reichlich,
daß wir aufstehen können
und tragen,
was uns das Leben aufgibt.
Herr, erbarme dich!

VATER UNSER

LIED: EG 99 (Christ ist erstanden)

ABKÜNDIGUNGEN

SEGEN

Gottes Segen leuchte uns
wie das Licht am Ostermorgen.
Gottes Freude begleite uns.
Seine Liebe beflügle uns.
Seine Freude rühre uns an.
Christus ist auferstanden.
In diesem Glauben
segne Gott unsere Wege.

MUSIK/POSAUNENCHOR

Christ ist erstanden

Liturgische Bausteine für Ostergottesdienste

BEGRÜSSUNG

Christus ist auferstanden!
Er ist wahrhaftig auferstanden!

So grüßen sich die Christen in Rußland.
So begrüße ich Sie zu unserem Osterfest!

Christ ist erstanden!
Er ist wahrhaftig auferstanden!

Wir wollen alle fröhlich sein …

LIED: EG 100, 1–4 (Wir wollen alle fröhlich sein)

VOTUM

Gott schenkt Leben
gegen allen Tod.
Jesus schenkt Liebe
gegen alles Leid.
Gottes Geist
schenkt Freiheit
gegen alle Mauern.

So walte unter uns der dreieinige Gott,
der Vater, der Sohn und der Heilige Geist.

Alle: Amen

KYRIE

Manche von uns sind so verzweifelt,
daß sie nichts sagen können.
Gott, höre ihre Klagen.

Manche von uns sind so verzweifelt,
daß sie nicht weinen können.
Gott, sieh ihre Traurigkeit.

Zeige uns, wo unsere Hoffnung versteckt liegt,
lehre uns zu klagen und zu weinen,
zeige uns die Engel, die am Grab auf uns warten,
und erbarme dich unser.

Wir singen das Osterkyrie: EG 178.7

GLORIA

1 Auferstanden – das heißt: ich habe etwas vor mir.
   Ich sehe Licht in der Finsternis und ein Ziel.
   Ich will mich auf den Weg machen.

2 Auferstanden – das heißt: alles bekommt einen Sinn.
   Ich fühle mich nicht mehr verloren und vergessen.
   Ich werde meinen Weg schon finden.

3 Auferstanden – das heißt: ich gewinne wieder Hoffnung.
   Ich werde verwandelt.
   Ich habe Glück.
   Ich bin nicht allein.

L Manchmal spüren wir mitten in unserem Leben
   die Macht der Auferstehung
   und können Gott wie einst die Engel unser Lob singen.

Alle: Ehre sei Gott in der Höhe ...

TAGESGEBET

Gott, deine uralten Wunder
leuchten noch in unseren Tagen.
Wie du einst die Israeliten befreit hast,
so befreie auch uns heute
aus allem, was uns gefangenhält.

Wenn eine Situation ausweglos erscheint,
wenn uns Lasten erdrücken,
wenn wir uns ängstigen,
wenn Not und Tod uns bedrohen,
dann erscheine du uns
mit deinem starken Arm
und rette uns.

Zeige uns den Weg,
auf dem wir gehen können,
damit wir in deinem Frieden
mit anderen zusammenleben
und an das Ziel
unseres Lebens gelangen.
Amen.

LESUNG DES OSTEREVANGELIUMS

Einleitung:	Ganz ausführlich erzählt uns das Markusevangelium den Leidensweg Jesu. An seinem Ende stehen Kreuz und Tod. Hört heute, wie die Geschichte weitergeht, und laßt uns dazu jeweils zwei Verse des Liedes EG 105 »Erstanden ist ...« singen.
Lesung:	Markus 15,37–40 – Jesu Ende am Kreuz
Aktion:	*Stille*
Lesung:	Markus 15,42–47 – Jesu Begräbnis
Aktion:	Der Mensch Gottes kommt zu Fall und wird begraben. Das Kapitel Leben wird abgeschlossen.
	Das Altarkreuz wird mit der Dornenkrone und schwarzen Bändern umgelegt.
Lesung:	Markus 16,01–04 – Die Frauen am Grab
Lied:	EG 105, 1+2 (Erstanden ist der heilig Christ)

Lesung:	Markus 16,05–08 – Die Osterbotschaft
Lied:	EG 105, 4+7 (Drei Frauen gehen)
Lesung:	Markus 16,12-15 – Begegnungen mit Jesus
Lied:	EG 105, 8+10 (Erschrecket nicht)
Aktion:	Seit damals tragen die Christen die Botschaft hinaus in die Welt: Jesus ist auferstanden.
	Und auch heute noch singen, schreien, läuten alle Glocken der Kirche diese gute Nachricht über unsere Erde!
	Mit allen Glocken läuten und das Altarkreuz ohne Dornenkrone wieder aufstellen.
Abschluß:	Das Kreuz, das schreckliche, das Zeichen der Verlassenheit, von elenden Qualen und Schmerzen der tiefen Not und des Todes, steht mitten in der Welt.

Und Gott verwandelt es
zum Zeichen seiner Nähe,
seiner Kraft, die den Tod überbietet,
dem Schrecken ein Ende macht,
dem Leben ein Ziel gibt,
für uns einen Anfang macht.

ABENDMAHLSGEBET

Wir preisen dich, lebendiger Gott,
Du schaffst Licht aus der Dunkelheit.
Schaffe du Licht in unseren Herzen,
damit wir leben in dir.

Wir preisen dich, Christus.
Du hast dem Tode die Macht genommen
und Leben und unvergängliche Freude
ans Licht gebracht.

Wir freuen uns in deiner Kraft
und danken dir, Licht aus ewigem Licht,
Sonne dieser Welt und der Welt, die kommt.
(Jörg Zink, Hans-Jürgen Hufeisen, Wie wir feiern können, Kreuz
Verlag, Stuttgart 1992, S. 111)

Darum preisen wir dich mit allen, die zu dir gehören,
und singen mit ihnen das Lob deiner Herrlichkeit.

Alle: Heilig, Heilig, Heilig (EG 185.3)

EINSETZUNGSWORTE

Wir träumen von einem neuen Himmel
und von einer neuen Erde,
auf der Gerechtigkeit wohnt,
mitten unter uns,
und der Tod ein Ende hat
und alles Leid.
Darum laßt uns um Gottes willen
einander stärken,
damit wir uns in der Ohnmacht nicht verlieren.
Wir wenden uns an Jesus von Nazareth,
der in der Nacht, als er von allen verlassen wurde,
seinen Freunden den Beweis seiner Liebe gab:

      Er nahm das Brot,
      dankte Gott, brach es,
      und gab es seinen Freunden mit den Worten:
      Eßt dieses Brot miteinander,
      stärkt euch für euer Leben.
      Denn das ist mein Leib:
      Ich schenke euch mein Leben.

      So nahm er auch den Kelch,
      dankte Gott aufs neue
      und gab ihn seinen Freunden mit den Worten:
      Trinkt alle aus diesem Kelch,
      denn das ist die neue Verbindung
      zwischen euch und mir:

Eure Schuld ist vergeben,
damit ihr frei seid von aller Belastung bis zum
Tod.

So essen wir von diesem Brot
und trinken aus diesem Kelch:
Wir stärken uns mit Gottes Gegenwart,
damit wir in den Bewegungen dieser Zeit nicht umkommen.
Sein Reich bricht an mitten unter uns.

(Nach einer Vorlage aus: Augenblicke deiner Gegenwart.
Gebete und Meditationen. Ev. Akademie Baden 1995)

Deinen Tod verkünden wir
und deine Auferstehung preisen wir,
bis du kommst in Herrlichkeit,
Christe, du Lamm Gottes!

Alle: Christe, du Lamm (EG 190, 2)

FÜRBITTENGEBET

Wir danken dir, guter Gott,
daß du der Gott des Lebens bist,
gegen allen Tod
und uns immer wieder neu stärkst
mit Brot und Wein
und deinem Wort.

Wir danken dir, daß du in Jesus Christus
und seiner Auferstehung
dem Tod die Macht genommen hast
und ein für allemal einstehst für das Leben.

So bitten wir dich für alle,
die noch unter der Macht des Todes leiden:
für die Kranken und für die Sterbenden;
für die Alten, Einsamen und die Verzweifelten:
sende ihnen deine Boten der Liebe,
damit sie nicht allein bleiben.

Und wir bitten dich für die Hungernden und die Gefolterten,
für die Opfer der Kriege,
für alle, die unter Unrecht leiden
oder gar ermordet werden:
sende ihnen deine Boten des Friedens,
damit sie Hilfe finden und gestärkt werden.

Wir bitten dich für alle, die versuchen,
gegen die Macht des Todes anzukämpfen:
für die Ärzte und Schwestern,
für die Wissenschaftler und Politiker,
für die Berater und Sozialarbeiter,
daß sie imstande sind, den Menschen zu helfen
durch Heilung von Krankheit,
durch Arbeit für den Frieden:
laß ihr Verständnis Mut machen
und ihre Hilfe Hoffnung wecken.

Gott, wir bitten für uns selbst:
schenke uns von deiner Schöpferkraft
soviel, so reichlich,
daß wir aufstehen können
und tragen,
was uns das Leben aufgibt,
daß wir Frucht bringen,
ohne mürbe zu werden,
sondern von deiner Liebe getragen
leben und einst sterben können.

SEGEN

Geht vom Tod ins Leben.
Zieht von der Traurigkeit zur Freude.
Bewegt Euch von der Dunkelheit ins Licht,
denn Christus ist auferstanden
Freut euch in allen Landen.

Der Herr segne Euch ...
Alle: Amen ...

III.

PREDIGTEN - BILDBETRACHTUNGEN
KURZANDACHTEN - BIBELARBEIT

Die Botschaft macht uns neu

Markus 16,1–8

Alles neu – oder was

»Der Herr ist auferstanden!« – »Er ist wahrhaftig auferstanden!« Das ist die Nachricht dieses Ostermorgens. Sie ist heute so frisch und aufregend wie damals, als die drei Frauen zum Grab gingen. Sie erwarteten, einen Toten zu finden … und dann war alles völlig anders. Eine Geschichte, die zu ihrem bitteren Ende gekommen zu sein schien, begann ganz neu.

»Neu« – auch heute noch? Kann der alte Ostergruß der Christen »neu« genannt werden? Oder ist unser Gesang, das grandiose »Christ ist erstanden von der Marter alle«, im Fortschreiten der Jahrhunderte verstaubt?

Manch' Christenmensch geht ja eher verstohlen zum Ostergottesdienst. Es scheint oft, als klänge das Bekenntnis mehr verschämt als ungeniert. Ob wir wohl fürchten, mitsamt unserer Botschaft als »out« zu gelten – »megaout« gar und abgeschrieben in einer Zeit, die »neu« zum Maß aller Dinge macht? Schon ein kleiner Rundgang im Supermarkt zeigt es überdeutlich: Neu ist in! Die braune Brause hat »jetzt neu« noch weniger Kalorien und mehr Geschmack. Der Kaffee bietet das ganz neue Verwöhnaroma. Und erst die Zahnpasta. Sie verlockt zum Kauf, denn sie ist: »Neu, jetzt mit Flippdeckel!«

Wenn dies schon für die kleinen Dinge des Alltags gilt – können wir dann etwas Altem unser Leben anvertrauen? Kann da eine so alte Geschichte noch reizen, gar ermutigen, fröhlich machen, zum Singen verlocken? Lassen Sie uns doch noch einmal hineinschauen in das vertraute Osterevangelium und dabei, wer weiß, für uns das Alte neu entdecken.

Überwindende Liebe

Es ist immer wieder beeindruckend zu lesen, wie die drei Frauen sich auf den Weg machen, um den toten Jesus nicht ganz allein zu lassen. Auch auf die Gefahr hin, als Sympathisantinnen denunziert zu werden. Und selbst, wenn es »nur« ein letzter Liebesdienst sein konnte – sie wollten ihn nicht versäumen. Solche Liebe, die beharrlich die Treue hält, verdient nicht nur Anerkennung. Ihr begegnet auch eine Erfüllung, die sie selbst nie erwartet hat. So nimmt nun dieser Morgen einen unerwarteten Verlauf. Daß der schwere Stein ihnen nicht mehr im Weg liegt, ist vergleichsweise bedeutungslos. Was sie zu hören bekommen, verschlägt ihnen schier die Sprache: Er ist auferstanden, er ist nicht hier!

Es ist völlig verständlich, daß das erste Echo auf die Osterbotschaft verstörtes Entsetzen ist. Was denn sonst, wenn so Unerhörtes gesagt wird! Wenn das stimmt, dann nimmt ja von nun an alles, nicht nur die Geschichte des Jesus von Nazareth, einen völlig anderen Verlauf. Dann hat hier Gott eingegriffen. Er hat mit der Kraft seiner Liebe alles Lebenzerstörende überwunden. Gott selber hat bestätigt, daß der Mann aus Nazareth wirklich sein Sohn ist. Jesu Worte und Taten bekommen so eine ganz neue Qualität. Gott selber hat den Weg Jesu bekräftigt und beglaubigt. Von nun an gelten seine Maßstäbe unumstößlich. Von nun an ist gewiß, daß die Liebe stärker ist als der Haß. Von nun an ist offensichtlich, daß das Leben den Tod überwindet. All dies stellt die alten Ordnungen der Welt auf den Kopf. Nichts wird nach diesem Morgen noch so sein, wie es einmal war. Dagegen sind die äußeren Umstände, selbst die unerwaretete Erscheinung eines himmlischen Boten von vergleichsweise geringem Gewicht.

Eine alte Geschichte? Ja, aber wie könnte sie jemals veralten? Wie könnte sie jemals ihre Kraft verlieren, wenn wir bedenken, daß es dabei auch um uns geht, um unseren Tod und um unser Leben? Denn von der gleichen Liebe sind wir getragen und die gleiche Kraft hält uns und läßt uns nicht fallen.

Seht selbst – in Galiläa

»Er ist nicht hier!« – Auch wenn wir mit den Frauen vor der Öffnung des leeren Grabes gestanden hätten, wir wären doch noch keine Zeugen des Auferstandenen. Dort zu verweilen, nähme uns die Möglichkeit, ihm neu zu begegnen. »Er wird vor euch hingehen nach Galiläa. Da werdet ihr ihn sehen.«

Die Frauen sollen die Jünger nicht zum Grab rufen. Es soll nicht ein Ort andächtiger Verehrung werden. Ganz woanders soll sich die Nachricht des Ostermorgens bewähren: Da, wo das alltägliche Leben seinen Ort hat, da werden sie den Auferstandenen sehen. Wo auch sonst, wenn nicht dort?

Die Botschaft, die die Frauen den Jüngern zu sagen haben, ist die Einladung, selber Ostern zu erfahren. Nicht die Worte eines Dritten, auch die eines Engels, sollen ihrem Leben nun eine neue Richtung geben. Sie werden statt dessen noch einmal dorthin geschickt, wo ihr Weg mit Jesus begonnen hatte. So wie sie schon einmal gerufen worden sind, sollen sie sich nun wieder rufen lassen: »Kommt, folgt mir nach!«

Am Schluß seines Evangeliums betont Markus noch einmal, was ihm immer wieder wichtig war. In der Arbeit und bei den Freunden, in der Familie und auf dem Markt, wenn's um Krankheit geht und um Schuld, um Reichtum und um das tägliche Brot, kurz: in allen Dingen, die uns wirklich angehen und bewegen, will und wird der auferstandene Christus mitten unter uns sein. Im Supermarkt und im Büro, im Wohnzimmer und auf der Autobahn – da ist mein Galiläa. Und da soll ich ihn suchen.

»Reich Gottes« heißt es im Evangelium des Markus, gemeint ist Gottes Zuständigkeit für seine Menschen und seine Welt. Täglich neu, in allen Einzelheiten, gerade in den vermeintlichen Kleinigkeiten. »Glaubt an das Evangelium«, hatte Jesus den Fischern zugerufen, die am Ufer ihre Netze wuschen. Und dann hatte er sie zunächst gesammelt und danach ausgeschickt. Sie sollten nicht für sich behalten, was sie gehört und gesehen hatten. Aber wie könnten sie auch verschweigen, was ihrem Leben Grundlage und Hoffnung gegeben hat. Das Weitersagen, das Werben und Einladen, wie könnte es fehlen, wenn sie doch von einer ansteckenden Freude erfüllt wurden.

Weil die Nachricht des Engels nicht verschwiegen wurde, weil die Frauen und die Jünger sich auf den Weg machten, weil sie dann selber erfuhren, daß ihr Herr nicht tot, sondern lebendig, nicht verschwunden, sondern gegenwärtig ist – darum ist die Überraschung des Ostermorgens nicht mit diesem Morgen vergangen. Sie ist uralt und doch täglich neu. Die Osterbotschaft hat ihre Kraft nicht verloren. Alle, die sie erwartungsvoll in Anspruch nehmen, werden dies spüren.

Mit dem Fortschreiten der Zeit wuchs die Zahl der Menschen, die es als ihr Bekenntnis aussprechen: Er lebt! Für mich, bei uns! Sie bilden einen vielstimmigen und bunten Chor, der in den Osterjubel einstimmt und ihn eindrucksvoll bekräftigt.

Der Glaube der Christinnen und Christen hat vielleicht wenig Chancen, im Wettbewerb auf dem Markt der täglichen Neuigkeiten für Übersättigung und Gelangweilte einen Treffer zu landen. Aber für die Mühseligen und Beladenen aller Zeiten gilt die Einladung »Fürchte dich nicht, glaube nur!« Für alle, die sich das Zutrauen schenken lassen, wie ein Kind zu beten, gilt: »Es wird euch zuteil werden«. Und wer in seiner Not schreit: »Jesus, erbarme dich meiner«, darf wissen, daß er gehört wird.

Die Negersklaven auf den Plantagen des amerikanischen Südens haben die Sehnsucht nach einen beständigen Grund in einem ihrer Lieder verdichtet. Sie sangen es als Gebet: »O gi'me that ol' time religion, it's good enough for me« – »Gib mir den alten Glauben, er ist gut genug für mich«. Und dann zählten sie auf, für wen der Osterglaube gut war: zunächst die Zeugen aus der Bibel, so zum Beispiel die Gefangenen Paulus und Silas, dann die Frauen und Männer aus der Geschichte der Kirche und schließlich die eigenen Verwandten und Freunde, vor allem diejenigen, die unter besonderem Druck ausgehalten hatten. Die versklavten Schwarzen sangen eine lange Reihe von Namen, eine Kette von Erfahrungen und Bewährungen. Es ist ein alter Glaube – aber nicht von gestern. Er ist wahrlich gut genug für einen jeden von uns, an jedem Tag, den Gott werden läßt.

Wir hören in den Worten des alten Evangeliums die überraschendste Neuigkeit der Welt: Christus hat den Tod überwunden. Ihm gehört das Leben und er gibt es uns. Diese Nachricht ist nicht neu, aber sie macht uns neu.

Maria von Magdala

Johannes 20,11–18

Ostern wird es von den Rändern her. Es beginnt draußen im
Dunkeln, eben dort, wo wir uns gut auskennen, aber nicht gern
aufhalten. Jede Annäherung an Ostern hat dort ihren Anfang zu
nehmen: »am ersten Tag der Woche ... früh, als es noch finster
war ...« Da im Finstern, da draußen steht eine Frau, Maria von
Magdala, und weint. Es sagt sich so leicht, daß sie das Liebste
verloren hat. Es sagt sich so leicht, daß ihr das Leben zum Grab
geworden ist, zu einem Grab, in dem sie alle ihre Hoffnungen
begraben hat. Aber wenn wir ehrlich sind, so wissen wir es
genau: diese Worte sind zu leicht, zu glatt, sie suchen mehr den
Abstand, um sich nicht berühren zu lassen, als eine Einfühlung,
die sich betreffen läßt. »Maria aber stand draußen vor dem Grab
und weinte. Als sie nun weinte, schaute sie in das Grab.«

»Abgewandt
warte ich auf dich
weit fort von den Lebenden weilst du
oder nahe.

Abgewandt
warte ich auf dich
denn nicht dürfen Freigelassene
mit Schlingen der Sehnsucht
eingefangen werden
noch gekrönt
mit der Krone von Planetenstaub –

die Liebe ist eine Sandpflanze
die im Feuer dient
und nicht verzehrt wird –

Abgewandt
wartet sie auf dich –«

Das sind Worte der jüdischen Dichterin Nelly Sachs. Ich denke,
manchmal ist es gut, sich Worte zu leihen, die nicht die eigenen

sind. Dann nämlich, wenn erschütternde Erfahrungen der Liebe, des Todes, der Angst oder der auferstehenden Hoffnung uns sprachlos und stumm werden lassen. Dann ist es gut, sich Worte auszuleihen, Worte der Dichter, die die Wörter wiegen und wenden, schleifen und kneten, solange bis sie hart und durchsichtig werden – wie das Gedicht von Nelly Sachs. Was muß man wissen über Nelly Sachs? Daß sie das einzige Kind in einer jüdischen Fabrikantenfamilie war, im Berliner Tiergarten-Viertel in einer Villa aufwuchs. Daß sie früh anfing zu schreiben und Kontakt bekam mit Selma Lagerlöf, einem Kontakt, der ihr später das Leben rettete. Auf Fürsprache von Lagerlöf und anderer einflußreicher Persönlichkeiten hin gelang es Nelly Sachs und ihrer Mutter, nach Schweden zu fliehen. Ihre übrige Familie ging in den deutschen Konzentrationslagern unter.

»Abgewandt warte ich auf dich. Weit fort von den Lebenden weilst du oder nahe.« Worte der Nelly Sachs oder sind es Worte der Maria von Magdala? Es sind Worte für Menschen, die voller Schmerz erfahren und durchlitten haben, was Trennung bedeutet: Trennung von einem Menschen, den man sehr geliebt hat; Trennung von Heimat und Zukunft, Trennung von ungelebten Lebensmöglichkeiten; Trennung vom lebendigen Gott. Obwohl alles zuende ist, hört doch das Warten nicht auf. Es ist ein irrwitziges, irreales Warten auf nichts Konkretes oder Gewisses: »abgewandt warte ich auf dich«, zugleich nach vorwärts und zugleich nach rückwärts gerichtet. Obwohl Maria weiß, daß ihre Zeit mit Jesus, die Zeit der Erfüllung, vorbei ist, und da im Grab nur der Leichnam Jesu liegen kann, obwohl sie es weiß, wartet sie, ja sucht sie nach ihm wie die Braut im Hohenlied: »Habt ihr nicht gesehen, den meine Seele liebt?« »Meine Seele war außer sich, daß er sich abgewandt hatte. Ich suchte ihn, aber ich fand ihn nicht; ich rief ihn, aber er antwortete nicht« (Hld 3,3; 5,6). Nur einen Ort kann es für sie geben, an dem sie jetzt sein muß, den sie in ihrem Schmerz wieder und wieder umkreist: das Grab. Diesen Ort muß sie aufsuchen, sich dem brennenden Verlust aussetzen, und vielleicht wird so irgendwann, eines Tages, ihre verwundete Seele heilen.

Zwei Engel sitzen da und sprechen die weinende Frau an. Maria sieht sie und sieht sie auch nicht, sie hört ihre Frage:

»Frau., was weinst du?« und antwortet mechanisch, wie weg-
getreten: »Sie haben meinen Herrn weggenommen, und ich weiß
nicht, wo sie ihn hingelegt haben.« Die Trauer um Jesus, die
sich in ihr ausgebreitet hat, ist so grenzenlos, daß da kein Platz
ist für Engel und auch nicht für himmlische Seelsorge. Maria
sieht nicht, hört nicht, sie nimmt gar nicht wahr, daß Gott in diesen Engeln längst dazwischen getreten ist. Und so könnte man
diese Geschichte auch aus der Perspektive Gottes erzählen.
Gott, der weiß, der es vorausdenkt, daß Marias verzweifelte Suche
sie zum Grab führen wird, er eilt schon dorthin voraus. Gott
ist in der Gestalt der Engel schon dort, bevor sie nur einen Blick
hineinwagt. Und er wartet. Könnte nicht auch Gott sagen
»Abgewandt warte ich auf dich, weit fort von den Lebenden
weilst du oder nahe?«

Doch während Maria noch mit den Engeln redet, irgendwie
ihre verzweifelte Unruhe erklären will, dreht sie sich um und
sieht Jesus stehen, und sieht wieder nicht. Es wiederholt sich,
was eben mit den Engeln geschah. Der brennende Schmerz um
den Geliebten, den Maria verloren hat, ist so groß, daß in ihr kein
Platz ist, nicht für Engel, und auch nicht für Jesus, den sie doch
mit jeder Faser ihrer Seele sucht. Wer kann überhaupt ermessen, wieviel Zeit vergehen muß, bis ein so verwundeter Mensch
wie Maria Magdalena auf neue Weise warten kann. »Abgewandt
warte ich auf dich, denn nicht dürfen Freigelassene mit Schlingen der Sehnsucht eingefangen werden, noch gekrönt mit der
Krone aus Planetenstaub …« Maria jedenfalls streckt sich noch
aus und verzehrt sich, um ihren verlorenen Herrn wie mit
Schlingen der Sehnsucht zu binden. Ja, auch mit der »Krone
aus Planetenstaub«, mit dieser alles überstrahlenden Freude
würde sie ihn krönen. Und sie bleibt doch blind dafür, daß Jesus
sich ihr schon zugewendet hat: »Frau, was weinst du? Wen
suchst du?« Sie hält ihn für den Gärtner, für einenMenschen
ohne Gesicht und Bedeutung, dem sie zur Antwort gibt: »Herr,
hast du ihn weggetragen, so sage mir, wo du ihn hingelegt hast;
dann will ich ihn holen.«

Bedenken wir es: wir sind hier mitten im Zentrum dessen, was
unser Glaube als das Ostergeheimnis bekennt: Jesus Christus
ist auferstanden, er hat dem Tod die Macht genommen und ein

unvergängliches Leben ans Licht gebracht. Aber wie behutsam, wie zart wird die Szene zwischen dem Auferstandenen und Maria geschildert! Da ist nichts von Blitz und Donner, von Soldaten, die zu Boden stürzen, da verfinstert sich kein Himmel und die Erde bebt nicht. Hier ist eine verwirrte, zu Tode betrübte Frau. Und Jesus, der sie leise und voller Geduld, unendlich behutsam anspricht: »Frau, was weinst du? Wen suchst du?« Jesus weiß, wen Maria sucht, er weiß, was sie so tödlich verwundet hat, und doch schafft er hier Raum für ihren Schmerz. Wer einen anderen Menschen so fragt, wie Jesus es hier tut: »Was weinst du?«, braucht in sich selbst einen Raum für die fremden Tränen. Was dem Weinenden noch ganz unaushaltbar ist, das muß der Fragende in sich selbst aufnehmen und sich davon berühren lassen können. So betrachtet erzählt uns die Ostergeschichte auch eine Geschichte von Christus, dem Seelsorger. »Was weinst du? Wen suchst du? Hier bei mir ist Raum für dich. Ich bin bereit, mich berühren zu lassen von deiner Angst, deiner Verwirrung, deinem inneren Durcheinander. Wie ein Seelsorger bin ich bereit, mich anstecken, ja von deinem Weh infizieren zu lassen. Solange bis es heilt.« Der Evangelist Johannes erzählt freilich im Zeitraffer. Manch ein Mensch wird diese Frage nicht nur einmal, sondern wieder und wieder hören müssen, wie da jemand das Unaushaltbare mit ihm aushält. Und dann endlich, irgendwann wird er sich vielleicht aufrichten und aus einem Grab verlorener Hoffnungen herausfinden.

Hastig erzählt Maria dem Gärtner, oder ist es gar nicht der Gärtner: »Herr, hast du ihn weggetragen, so sage mir, wo du ihn hingelegt hast; dann will ich ihn holen.« Hier ist Marias Not mit Händen zu greifen. Ich stelle mir vor, wie sich Jesus, dem Auferstandenen, das Herz zusammenkrampft. Spätestens seit dieser Ostergeschichte weiß ich, daß Gott ein Herz hat, daß Gottes Herz schneller schlägt und aus dem Takt gerät, wenn er uns so verzweifelt sieht wie hier die Maria aus Magdala. Und so »spricht Jesus zu ihr: Maria!« Wie mag das geklungen haben, darüber ist oft gerätselt worden. Ich glaube, das ist gar kein Rätsel! Jeder, jede hört hier sofort einen ganz innigen, zärtlichen, vielleicht sogar leidenschaftlichen Klang. So wie die Worte der Liebe eben klingen, die jemand zu uns gesagt hat, und die wir seitdem wie große Kostbarkeiten in uns tragen. »Maria! Da wandte sie sich um und spricht zu ihm auf hebräisch: Rabbuni!, das heißt: Meister!«

»Da wandte sie sich um …« Jedes Osterevangelium erzählt in der einen oder anderen Weise von solch einer Kehrtwendung: eben noch auf dem Trauerweg zum Grab, und nun macht Maria kehrt und »geht und verkündet den Jüngern: Ich habe den Herrn gesehen, und das hat er zu mir gesagt.« Auf diese überraschende Wende läuft an Ostern alles zu. »Das abschiedliche Leben ist zum Leben im Aufbruch gekehrt« (von Soosten). An Ostern werden menschliche Erfahrungen umgewälzt, so wie der Stein vom Grab gewälzt wird. Aus Abschiedsgeschichten werden Aufbruchsgeschichten, aus Geschichten vom Sterben werden Geschichten vom Leben, das den Tod hinter sich gelassen hat. Aber festhalten und dingfest machen läßt sich das nicht, was hier geschieht. »Maria!« – »Rabbuni!« Im Augenblick des Erkennens entzieht sich der Auferstandene auch schon. »Rühre mich nicht an!« sagt Jesus. Da war Berührung, ganz gewiß! Die Jünger, die Frauen und Männer um Jesus, waren von ihm in einer Weise berührt worden, wie durch nichts sonst in ihrem Leben. Aber genau diese Berührung läßt sich nicht festhalten oder fortsetzen. »Hingabe glückt erst im Loslassen« (von Soosten), auch das gehört zu den paradoxen Geheimnissen des Ostertages.

Und während wir zu begreifen und verstehen suchen, was es mit dem Ostergeheimnis auf sich hat, wird doch eine einzige Frage in uns immer lauter und schließlich unabweisbar: Kann denn auch mir geschehen, was der Maria aus Magdala geschah? Was ist mit meinem Trauerweg, mit meinem auf Abschied gepolten Leben, dessen Möglichkeiten weniger werden von Tag zu Tag? Werden sich auch meine Angst und meine Verwirrung verwandeln in österliche Freude? Und wenn ja, wie soll das geschehen? Und für all die Kleingläubigen und Zweifler, also für uns alle erzählen die Osterzeugen wieder und wieder und werden nicht darin müde: Gott läßt das geschehen. Schaut her, es ist wie beim Schöpfungsmorgen! So wie auf sein Wort hin das Licht wurde, die ganze Erde und alles, was lebt, so wird auf sein Wort hin ein neues, österliches Leben. »Maria!« – »Rabbuni!« Unser Osterevangelium handelt ja nicht von den überraschenden und kreativen, bisher unentdeckten Möglichkeiten einer Frau mit Namen Maria aus Magdala. Und Ostern handelt auch nicht von unseren bisher unentdeckten, nun aber plötzlich aufblühenden Möglichkeiten. Nein, wir dürfen auch an diesem Ostermorgen genauso verwirrt, traurig und orientierungslos sein auf unseren Trauerwegen wie Maria. Denn Ostern handelt von den bisher unentdeckten, kreativen Möglichkeiten Gottes, von seiner überraschenden Schöpferkraft und von seiner Treue.

»die Liebe ist eine Sandpflanze
die im Feuer dient
und nicht verzehrt wird –

Abgewandt
wartet sie auf dich –«

Das sind wieder die Worte der Nelly Sachs. Ihr Gedicht, sehnsuchtsschwer am Anfang, endet mit einem österlichen Klang. Und auch da können wir uns fragen: wie kann denn eine so zerbrechliche Frau wie Nelly Sachs in der Enge ihrer winzigen Wohnung im Stockholmer Exil solche Worte finden. Es ist dieselbe Frage, die uns angesichts der Maria Magdalena umtreibt. Wie kann denn aus einer so betrübten, verwirrten Frau, die sich in lauter Mißverständnissen verfangen hat, mit einem Mal eine Apostelin werden, eine Glaubenszeugin mit dem allerhöchsten Kredit?! Als ob sie das Ungeheuerliche dieses Kontrastes noch unterstreichen wollten, erzählen spätere Christen: Maria aus Magdala sei geisteskrank gewesen, eine Prostituierte vielleicht, die Jesus geheilt habe. Ja, wenn das so ist, wie kann denn eine solche Frau zu einer Säule der ersten Christengemeinde werden?!

Die Antwort auf diese Fragen liegt auch hier in der Umkehrung! Statt: Wie kann Nelly Sachs solche Worte finden? muß es heißen: Sie wird von den Worten gefunden. Der österliche Klang kommt auf sie zu! Das ist doch die Entdeckung in ihrem Gedicht: Die Liebe ist da! »die Liebe ist eine Sandpflanze, die im Feuer dient und nicht verzehrt wird, angewandt wartet sie auf dich.« Die Dichterin hat diese Liebe entdeckt, eine dienende Liebe, eine wartende Liebe, die noch über all das hinausschießt, was menschliche Liebe sein kann. Dieses Überschießende, dieser nicht verrechenbare Rest macht ihr Gedicht für mich zu einem Ostergedicht. Gott ist diese Liebe: die Sandpflanze aus der Wüstenzeit Israels. Gott ist diese Liebe, die im Feuer dient und nicht verzehrt wird.

»Abgewandt wartet sie auf dich -« Abgewandt wartet Gott auf dich. – Wenn ich mich auf dieses Bild einlasse, spüre ich, wie mein Zutrauen wächst. Abgewandt und wartend, ja, so ist es vielleicht zwischen Gott und mir. Und es wäre mir schon Trost genug zu wissen, daß Gott auf meinem Weg auf mich wartet, abgewandt vielleicht, unscheinbar wie eine Sandpflanze. Gott ist die Liebe, die noch im Feuer, in der Lebensgefährdung dient. Gott ist die Liebe, die durch alle Bedrohung nicht verzehrt wird, die mich durch das Sterben und den Tod hindurchträgt. Dieser Trost wird reichen, auch dann, wenn mir vielleicht keine Engel begegnen. Dieser Trost wird reichen, auch dann, wenn meine Augen den Auferstandenen nicht erkennen. Es wird reichen, weil ich mich daran halte: Gott ist die Liebe »abgewandt wartet sie auf dich«.

Literatur

Fritsch-Vivié, Gabriele: Nelly Sachs, rowohlts monographien Bd. 496, Reinbek 1993

Sachs, Nelly: Ausgewählte Gedichte, Suhrkamp Verlag, Frankfurt a. M. 1963.

Soosten, Joachim von: Unde suspirat cor. Überlegungen zur Auferweckung Jesu Christi als Versprechen, in: EvTh (52), 1992, 478–497.

Thomas – unser Zwilling

Johannes 20,24–29

Wenn einmal eine Statistik erhoben würde, welche Namen sich Gemeinden, die nach dem letzten Krieg entstanden, welche sie ihren neuen Kirchen gaben, dann würden zwei Namen in der Spitze stehen. Es ist der Stephanus, der erste christliche Märtyrer und erste Diakon. Die Kirche versteht ihren Dienst als einen Dienst, der Zeugnis ablegt vor und für die Gesellschaft, und dies Zeugnis schließt Leiden bis zum Tod ein. So erinnert die Kirche daran, daß sie einige, leider viel zu wenige, Glaubenszeugen in der Nazizeit hatte.

Der Zweite an der Spitze der Namensliste ist Thomas: Fast alle Städte mit Neubaugebieten und neuen Kirchen haben eine Thomasgemeinde bzw. -kirche. Die Wertschätzung dieses Jüngers ist deshalb so merkwürdig, weil Thomas Zweifler oder Kleingläubiger, gar Ungläubiger genannt wird. Diese Gemeinden wollen sich doch wohl nicht an ihren Zweifel, geschweige denn an ihren Unglauben erinnern.

Es ist tröstlich, daß im Jüngerkreis neben dem Verräter, der gewissermaßen das Böse verkörpert, vor allem angefochtene Menschen sind: Der Leugner, Petrus, wird zum Fels, auf dem die Kirche errichtet wird. Thomas wird zum Namenspatron. Jesus hatte um sich nicht Glaubenshelden versammelt, sondern schwache Menschen, die Versagen und Ängstlichkeit kennen. Bei Jesu Gefangennahme, da halten sie die Stellung nicht, sondern alle laufen davon. Diese Apostel, gerade weil sie lieber fliehen als leiden, sind Vorbilder für uns, Vorbilder des Glaubens. In ihnen finden wir uns wieder.

Es ist in der theologischen Forschung diskutiert worden, warum Thomas »der Zwilling« genannt wurde. Ein Beiname, den er aber nur im Johannesevangelium führt. War er Jesu Zwilling? Das ist sehr unwahrscheinlich. Sah er Jesus zum Verwechseln ähnlich? Das ist eher unwahrscheinlich. Warum entstand diese Tradition erst so spät, wenn die Ähnlichkeit nur zur Zeit Jesu zu bemerkten war? Hatte er einen Zwilling, den wir nicht kennen? Diese Nachricht wäre nichtssagend und uninteressant für uns. Das griechische Wort für Zwilling erinnert klanglich, wie auch das Hebräische an Thomas. Doch welche Bedeutung hätte diese klangliche Erinnerung, daß Johannes sie uns bewahrt?

Eine Bedeutung ist erstaunlicherweise nicht diskutiert worden: Thomas ist unser Zwilling. In seinem Glauben ist unser Glauben abgebildet. Seine Unwilligkeit, dem Zeugnis seiner geistlichen Geschwister zu vertrauen, ist unsere Unwilligkeit, auf eigene Erfahrung zu verzichten. In Thomas ist die Situation all derer abgebildet, die am Ostertag nicht dabei waren. Thomas und alle nach ihm sind zuerst einmal angewiesen auf die Botschaft der Zeugen. Thomas hört vom Auferstandenen durch den jubelnden Bericht der Freunde. Sind die nicht ein wenig überspannt? Ist das denn normal, was die ihm da erzählen und natürlich auch, wie sie es erzählen? Und wir, die wir auf das schriftliche Zeugnis des Paulus und der vier Evangelisten angewiesen sind, fragen ähnlich: Ist das denn glaubwürdig, widerspricht sich ihr unterschiedliches Zeugnis nicht selbst?

Schon in der Gemeinde des Evangelisten Johannes war das rund siebzig Jahre – zwei Generationen nach Jesu Tod – ein Problem: Was ist mit jenen, die sich nicht mit dem Zeugnis der Alten zufrieden geben? Was ist mit jenen, die nicht nur Worte, die Botschaft, sondern auch Erfahrung des Auferstandenen verlangen? Sicherlich sind die besonders zu preisen, denen das Wort genügt, die auf Erfahrungen verzichten können.

Bedauerlicherweise ist aus der Seligpreisung dieser Gruppe ein Gesetz für alle geworden. Ihr müßt auf Erfahrung verzichten, es gibt nichts anderes als das Wort. Wer sinnliche Erfahrung will, wurde von dem Protestantismus als römischer Katholik verschrien. Wer heute solche Erfahrung sucht, wird vom offiziellen Christentum abgewiesen und bedient sich deshalb in den Supermärkten der Esoterik. Unser Christentum im Abendland ist erstaunlich kraftlos, ja leblos geworden.

Das müßte nicht so sein, denn biblisch hat Thomas seinen Beinamen nicht verdient. Thomas ist kein Zweifler, denn er bestreitet ja gar nicht die Erfahrungen seiner Freundinnen und Freunde. Er erwartet nur auch für sich diese Erfahrung. Er ist nicht ungläubig oder kleingläubig. Über sein Vertrauensverhältnis zu Gott hören wir nichts. Er will nur seine Hände in die Nägelmale legen, er will begreifen, was unbegreiflich ist, daß der leidende und ermordete Jesus der Christus der Welt ist. Daß Gott für die Welt das Heil schaffen kann, steht außer Frage. Der Skandal ist, daß dies Heil den Weg ans Kreuz und ins Grab gegangen ist, daß aus dem Fluch ein Segen und aus diesem Tod Leben wurde.

Nun erzählt das Johannesevangelium am Beginn des zweiten Jahrhunderts nicht, daß dies Verlangen des Thomas, daß unser Verlangen nach Erfahrung und Begreifen unbillig sei. Das Johannesevangelium enthält mehr Erzählungen von Begegnungen mit dem Auferstandenen als die anderen Evangelien zusammen. Wollte Johannes dem Verlangen nach sinnlicher Erfahrung widersprechen, er hätte eher solche Szenen weglassen und sie nicht vermehren dürfen.

Thomas, der Ostern nicht dabei war, wird im Kreis der Jüngerinnen und Jünger, doch noch zum Auferstehungszeugen. Jesus, der Auferstandene, tritt zu der Gemeinde. Er läßt sich nicht aufhalten, verschlossene Türen sind kein Hindernis für ihn. Die Auslegung, die sich bei dem Phänomen der Überwindung verschlossener Türen aufhalten, sehen nicht, daß Johannes abbildet, daß der Auferstandene nicht eingeschränkt werden kann. Wer verschlossene Türen überwindet, der öffnet auch verschlossene Herzen. Unsere Suche nach Erfahrung, aber auch intellektuelles Begreifenwollen sperrt Jesus nicht aus. Erfahrungen mit Christus dürfen auch jene machen, die es genau wissen wollen. Das mußt du einfach glauben, da darfst du nicht nach fragen, das kannst du doch nicht begreifen, da mußt du den Verstand ausschalten – das sind unbiblische Forderungen, auch wenn sie in der Kirche mancherorts zu hören sind.

Der Auferstandene fordert Thomas auf, seine Identität mit dem Gekreuzigten zu überprüfen. Das Ziel dieser Überprüfung soll sein, daß er nicht ungläubig, sondern vertrauensvoll werde. »Sei nicht ungläubig«: diese Übersetzung verkennt, daß der Auferstandene Thomas ändern will. Er soll »werden«, »sich entwickeln«. Der Glaube ist kein Besitz, den man hat oder nicht, ist auch kein Sein, darin man steht, sondern ist ein Prozeß, ein

»Werden«. Denen Erfahrung verdächtig ist, denen ist Werden gefährlich. Das scholastische Denken hat dem Verdacht Recht gegeben und ist vor der Gefahr zurückgewichen. Luther hat aus der angelernten Sprache noch nicht herausgekonnt. Glauben ist ein Werden. Glauben ist kein Sein.

Als der Auferstandene Thomas Erfahrung ermöglicht und seine Prüfung erlaubt hat, da ist das Letzte gar nicht mehr nötig. Mit einem der stärksten Bekenntnisse der Bibel zeigt Thomas, wie er überzeugt wurde: »Mein Herr und mein Gott«, er sagt: »Kyrios« und »Theos«. Für Thomas ist die Diskussion zu Ende, wer denn Christus sei: der Gekreuzigte und Auferstandene, er ist Herr und Gott.

Herr und Gott, solche Titel kann man auf antiken Münzen mit dem Kopf des Caesaren finden. Doch Thomas sagt gar nicht »Herr und Gott«, sondern »mein Herr und mein Gott«. Er macht keine Gottes-Aussage, sondern mit diesen Worten macht er seine Beziehung zu diesem Auferstandenen klar. Es ist unwichtig, was andere Menschen von diesem sagen, für mich ist er »mein Herr und mein Gott«. Ja, es ist uninteressant, wer und was Gott abstrakt losgelöst von mir, ist: Er ist mein Herr und mein Gott.

Ich übersetze deshalb auch nicht: »Weil du mich gesehen hast, deshalb hast du geglaubt«, sondern »weil du gesehen hast, glaubst du mir.« Der Augenschein hat die Prüfung unnötig gemacht. Nun ist die Beziehung hergestellt.

Die Leser des Johannesevangeliums werden am Ende des Buches an den Anfang des Werkes erinnert: »... und wir sahen seine Herrlichkeit, eine Herrlichkeit als des eingeborenen Sohnes vom Vater, voller Gnade und Wahrheit.« Herrlichkeit mit den Wundmalen des Hinrichtungstodes, Gnade und Wahrheit aber nur mit der Dornenkrone und den Striemen der Geißelung.

Was aber ist mit denen, die mit Thomas nach Erfahrung suchen? Einigen wird auch heute noch wunderbare Erfahrung zuteil, aber viele beten darum und suchen ihr ganzes Leben dennoch vergeblich danach: Ihnen gilt das letzte Wort des Evangeliums: Selig sind, auch deren Leben ist erfüllt, die nicht sehen und auch glauben. Das »doch«, das den Gegensatz wachruft,

stammt nicht vom Evangelisten, sondern aus der Feder eines
Übersetzers, der menschlicher Erfahrung von Gott – ja überhaupt die Möglichkeit der Erfahrung – mißtrauisch gegenüber-
stand.

Grenzen überschreiten

Apostelgeschichte 10,34–43

»Was bedeutet dieses Fest für Sie?« Manchmal stellt ein Reporter bekannten Persönlichkeiten solch eine Frage. Und dann kann es sein, daß jemand zu erzählen beginnt. Keine kurze und knappe Antwort gibt er zu Protokoll. Vielmehr erzählt er eine Geschichte aus seinem Leben.

Heute sind wir gerufen, dem Apostel Petrus zuzuhören. »Was bedeutet Ostern für dich, Petrus?« Auf diese Frage könnte der Jünger Jesu folgendermaßen antworten – dabei nehme ich eine Schilderung auf, die Lukas in seiner Apostelgeschichte, Kapitel 10, überliefert:

»Natürlich denke ich an den ersten Ostermorgen. Und doch – damals blieb für mich zunächst manches rätselhaft«, so beginnt Petrus zu erzählen. »Natürlich denke ich dann an die Begegnung mit dem Auferstandenen: Wie er sich uns zu erkennen gab. Aber noch etwas anderes habe ich vor Augen: ein Erlebnis, das mich tief beeindruckt hat. Denn dies war entscheidend für den Weg unserer Gemeinde, für die Zukunft der Kirche Jesu Christi: Ich erinnere mich ganz besonders an eine Begegnung in Cäsarea. Doch dazu muß ich etwas weiter ausholen. Denn was damals geschehen ist, das war ungewöhnlich, ganz neu – und aufregend. Mit einem merkwürdigen Traum hat es angefangen.

Wie kann ein gläubiger Jude so etwas träumen? Ein Tuch habe ich gesehen, wie es vom Himmel herabkam; und drinnen – wie entsetzlich – Krebse, Schnecken und Vögel, lauter unreine Tiere. Und dazu die Stimme: »Iß!« Unglaublich! »Das kann ich nicht«, habe ich gesagt, »denn ich weiß doch, was sich gehört: was erlaubt und was verboten ist. Da gibt es doch Grenzen. Und daran will ich mich halten.«

Doch dann habe ich wieder die Stimme gehört: »Was Gott rein gemacht hat, das nenne du nicht verboten!«

Bald ging mir auf, was das bedeuten könnte. Denn als ich aufgewacht war, kamen Abgesandte eines gewissen Kornelius. Das war ein römischer Hauptmann, ein Heide. Der wollte mich kennenlernen; er wollte hören, was ich ihm zu sagen hätte; denn er habe auch eine Erscheinung gehabt, so erzählten seine Leute. Ich – Petrus – sollte also aufbrechen, einen Heiden besuchen, sein Haus betreten. Mit ihm reden. »Unerhört«, dachte ich zunächst. »Ich weiß doch, was sich gehört und was nicht. Da gibt es doch Grenzen. Aber die Zeichen, die Gott mir gegeben hatte, die konnte ich nicht übersehen.

Und so bin ich aufgebrochen: Nicht ganz allein, sondern einige Brüder sind mitgegangen. Und dann haben wir die Schwelle überschritten – das Haus dieses Heiden betreten.

Ob ich aufgeregt war? Natürlich. »Er wollte hören, was ich zu sagen hätte«, so hatten seine Leute es mir ausgerichtet. »Wie sollte ich jetzt mit ihm reden?«

»Frieden hat Gott verkündigt – durch Jesus Christus«, das waren meine ersten Worte, ich weiß es noch genau. Und dann habe ich von unserem Herrn erzählt: Wie alles in Galiläa angefangen hat, wie Gott Jesus von Nazareth seinen Heiligen Geist gegeben hat. Wie Jesus herumzog und Gutes tat; wie er alle gesund machte, die in der Gewalt des Bösen gewesen waren.

Diesen Jesus Christus haben sie am Kreuz umgebracht; doch Gott hat ihn am dritten Tag auferweckt. Wir können das bezeugen. Denn uns ist der Auferstandene begegnet. Er hat sich uns zu erkennen gegeben.

Wir haben mit ihm gegessen und getrunken. Er hat uns beauftragt zu predigen: von ihm zu erzählen und zugleich anzukündigen: Er wird kommen, um die Lebenden und die Toten zu richten – und zu retten.

Ja, von ihm haben doch die Propheten geredet und deutlich gemacht: Alle, die an ihn glauben, empfangen die Vergebung ihrer Sünden.

So habe ich damals gesprochen und dabei gespürt: Jesus Christus ist bei uns. Und dann fingen Kornelius und seine Leute plötzlich an, Gott zu loben und zu preisen. Da wußte ich: Sie haben den Heiligen Geist empfangen. Da war uns klar, daß wir sie auch taufen sollten.

Ja, an diese Begegnung muß ich denken. Überraschend war das damals für mich und für meine Begleiter. Eindrucksvoll! Eine ganz neue Erfahrung. Was mir Ostern bedeutet?

Jesus Christus hat die Todesgrenze überwunden; er lebt. Er macht uns frei, Schwellen zu überschreiten und Neues zu entdecken. So können wir Hoffnung haben und uns freuen. Das ist mir damals – in Cäsarea – ganz klar geworden.«

Liebe Gemeinde: Diese Ostergeschichte des Petrus hat Lukas weiterüberliefert und damit ein Zeichen gesetzt. »Der Herr ist auferstanden« – dieses kurze Bekenntnis will immer wieder Gestalt gewinnen. Und das kann geschehen, wenn Christen von ihren Lebenserfahrungen erzählen. Sie werden damit zu Boten und Zeugen – so wie Petrus damals. Und die Geschichte Jesu Christi wird dadurch gegenwärtig: Sie bringt Menschen in Bewegung, läßt sie Neues entdecken – ja, Grenzen überschreiten.

So ist die Kirche entstanden und gewachsen, so wird die Gemeinde Jesu Christi lebendig bleiben – heute und in Zukunft. »Grenzen überschreiten – Schwellen überwinden«: Dazu sind wir gerufen.

Kirche Jesu Christi – das kann ja nicht bedeuten: Eine Gruppe Gleichgesinnter kreist um sich selbst: Leute, die sich ohnehin gerne mögen, bestätigen sich das immer wieder und geben sich damit zufrieden.

Sondern: Menschen werden frei, auf andere zuzugehen, Schwellen zu überwinden, neue Räume zu betreten.

Da ist jemand als ehrenamtlicher Mitarbeiter mit seiner Kirchengemeinde verbunden. Er geht zum Gottesdienst, liest das Evangelium vor, übernimmt hin und wieder sogar die Predigt.

Dies ist ihm wichtig, dies liegt ihm am Herzen. Und alltags – in seiner Firma –, da erlebt er etliche Menschen, denen solche Erfahrungen fremd sind. »Kirche ist für viele meiner Arbeitskollegen scheinbar weit weg«, so muß er feststellen. Doch damit gibt er sich nicht zufrieden, mit dieser Schwelle findet er sich nicht ab. Vielmehr erzählt er seinen Kollegen von dem, was ihm wichtig ist: nicht aufdringlich redet er davon – aber so deutlich, daß andere spüren: Ihm ist das viel wert.

Und damit überschreitet er eine Schwelle – immer wieder. »Das ist manchmal nicht leicht«, höre ich ihn sagen. »Spöttische Bemerkungen und verächtliche Blicke muß ich mir schon gefallen lassen. Doch dann kommt es auch vor, daß mich plötzlich jemand anspricht: »Ich brauche einen Rat; vielleicht kannst du mir weiterhelfen.«

Und da merke ich: Es kommt doch etwas rüber, auch wenn ich zwischendurch manchmal daran zweifle.«

Liebe Gemeinde: Die Begegnung mit diesem Mann ist mir wichtig geworden; ja an seine Schilderung muß ich denken, wenn ich von Ostergeschichten spreche. Etwas davon leuchtet für mich auch in diesem Erfahrungsbericht auf: wie jemand im Alltag seines Lebens Schwellen überwindet, Grenzen überschreitet.

Und ich denke zugleich an einen Polizeibeamten: Da hat es eine Schlägerei gegeben. Jugendliche prügeln aufeinander ein. Warum – das ist schwer zu ermitteln. Die Formel »›Rechte‹ und ›Linke‹ verfolgen sich« greift nicht. Doch wer das Ergebnis vor Augen hat, könnte die Wut bekommen: Nicht nur Sachen sind beschädigt worden, sondern angeschlagene Köpfe und verletzte Augen zeigen, wozu Menschen fähig sind.

Daß der Polizist kopfschüttelnd sein Unverständnis, ja seine Verachtung zeigt – dies hätte ich erwartet. Doch stattdessen erlebe ich, wie jemand sehr sachlich und einfühlsam zugleich über den Vorfall spricht. Er spielt die Sache nicht etwa herunter, er nennt das Unrecht beim Namen, macht aber zugleich deutlich: Es ist unsere Aufgabe, auf diese Jugendlichen zuzugehen. Es kann nicht damit getan sein, ein Urteil zu fällen und Strafen zu verhängen; sondern es gilt ihnen zu signalisieren: Wir wollen die Schwelle abbauen, die euch voneinander trennt und die sich zwischen uns befindet. Wir wollen euch nicht abseits stehen lassen.

Wie der Polizeibeamte das zum Ausdruck bringen konnte, dies hat mich beeindruckt. In solchen Begegnungen spiegelt sich etwas von der Botschaft, die uns Lukas nahebringen will.

Jesus Christus hat die Macht des Todes gebrochen; er hat die letzte und härteste Grenze überwunden. Darum kann er uns frei machen: Schwellen zu überschreiten und Neues zu entdecken.

Was schwerer wiegt

1. Korinther 15,1–11

Kennen Sie die Redensart: etwas ist ausgewogen? Eine Sache ist ausgewogen? Als Bild dafür im Hintergrund sehen wir eine alte Waage: ein Balken, genau in der Mitte aufgehängt, die beiden Hälften sind gleich lang. Rechts hängt eine Schale für die Ware, links eine Schale für die Gewichte. Ausgewogen ist's, wenn in beiden Schalen das gleiche Gewicht hergestellt ist. Der Balken hängt dann, wie der Begriff sagt, exakt waagerecht. Dieses Bild wird nun benutzt für eine Äußerung, eine Anschauung, eine Einstellung. Dergleichen ist ausgewogen, wenn die positiven und negativen Gesichtspunkte gleichmäßig berücksichtigt sind.

Unser christlicher Glaube aber ist nicht ausgewogen. Bei unserem christlichen Glauben hat die eine Seite durchaus das Übergewicht. Das Gute und Helle ist gewichtiger, das Leben und die Freude. Gerade jetzt in der Osterzeit ist das viel gewichtiger als der Tod und die Trauer. Der Sieg und die Erleichterung sind gewichtiger, die Auferstehung und die Zuversicht.

Aber wie das so geht: es füllt sich dann unversehens die andere Seite, die dunkle, bittere Schale. Mit Angst füllt sie sich und mit Hoffnungslosigkeit, mit Skepsis und Trauer, mit Kummer und Zweifel. Und das kann so schwer werden, daß die gute Schale bedeutungslos wird. Kennen wir das von unserem Glauben? Es ist sehr gefährlich, wenn es sich so entwickelt; man muß etwas dagegen tun. Genau das macht Paulus bei seinem Brief an die Korinther. Deren Glaube ist gefährdet durch Skepsis und Zweifel und Hoffnungslosigkeit. Was ist da zu tun? Wir sehen, daß Paulus auf die andere Seite kräftig nachlegt. In die Schale des Lebens, der Auferstehung, der Zuversicht. Hören wir, was er schreibt:

(Textlesung 1. Kor 15,1–11)

Das also schreibt Paulus, um dem Osterglauben wieder das Übergewicht zu geben. Er legt in die Waagschale, was ihm das wichtigste ist. Das merkt man sogleich daran, daß es mehrmals gesagt wird. Er unterstreicht es gewissermaßen durch Wiederholung. Er drückt es ein zweites und drittes Mal aus, daß es auch alle mitkriegen und es niemand überhören kann. Er sagt dem Wortlaut nach viermal und dem Sinn nach sechsmal: er ist gesehen worden. Er, nämlich Christus nach seinem Tod, Begräbnis und Auferstehung, ist gesehen worden. Das betont Paulus mit besonderem Nachdruck. Daß Christus nach seinem Tod gesehen wurde, das ist gewichtig für den Glauben an die Auferstehung, an seine Auferstehung, an unsere Auferstehung. Das ist gewichtig für unseren Osterglauben. Deshalb wird so oft und nachdrücklich betont: er ist gesehen worden.

Freilich, anders als Paulus, gehören wir nicht zu denen, die Christus nach seinem Tod selbst gesehen haben. Von uns gilt nicht das freudig-begeisterte Bekenntnis, mit dem der 1. Johannesbrief einsetzt. »Was wir gesehen haben mit unseren Augen, was wir betrachtet haben und unsere Hände betastet haben, vom Wort des Lebens.« Das können wir heutigen Christen nicht von uns sagen, wir gehören nicht zu den Augenzeugen.

Für die allerdings muß der Anblick des Auferstandenen schlechterdings überwältigend gewesen sein. Er muß diese Menschen im Innersten erfaßt und durchdrungen und ergriffen und durchglüht haben. Dieser Anblick muß ihnen zum Gipfel und Höhepunkt ihres Daseins geworden sein. Das einzige, für das auf der Erde zu leben sich tausendmal gelohnt hat. Ich habe einmal bei einem Glaubensgespräch die Frage gehört: Wozu eigentlich brauchen wir Christus, wenn wir doch Gott haben? Diese Frage, so meine ich, hätten jene Augenzeugen überhaupt nicht verstanden. Christus brauchen – würden sie vielleicht sagen -, aber das ist doch gar nicht der richtige Ausdruck! Uns hat er überwältigt, beglückend und schrecklich, strahlend und unwiderstehlich, göttlich und mit einer unverlierbaren Freude. Sie nehmen eine einzigartige Stellung ein, jene Männer und Frauen, die den Auferstandenen gesehen haben. Man nennt sie männliche oder weibliche Apostel. Apostel sind Leute, die den Auferstandenen gesehen haben.

Es sind maßgebliche, entscheidende Leute übrigens. So maßgebend, daß unsere Kirche im Glaubensbekenntnis eine ihrer vier Eigenschaften von ihnen hat. Sie heißt apostolische Kirche, will sagen, sie ist von den Aposteln abhängig und auf sie angewiesen. Abhängig, insofern sie mündlich oder für uns jetzt schriftlich von dem Auferstandenen berichten. Das tun sie, damit auch Spätere davon erfahren, nachfolgende Generationen bis auf uns. Es ist eine richtige Erzählkette, die die Menschen gewissermaßen an den Auferstandenen binden will. Paulus schmiedet hier an einem ihrer ersten Glieder: Als erstes, das meint als wichtigstes, habe ich euch weitergegeben, was ich auch empfangen habe. Wie in alten Zeiten beim Bau, als es noch keinen Aufzug oder Förderband gab: da hat man die Ziegel in einer Menschenkette transportiert. Jeder hat sie von jemand bekommen und an jemand weitergereicht. Oder beim Staffettenlauf: der Läufer übernimmt den Stab und gibt ihn nach einiger Zeit wieder ab. So vergleichsweise hier mit dem, was die Apostel gesehen haben: sie geben es weiter, andere übernehmen es und geben es ihrerseits weiter, unzählige Male, bis auch wir davon gefesselt werden. Überlieferung nennt man diesen Vorgang deshalb in der theologischen Wissenschaft, oder mit dem Fremdwort: Tradition. Damit unser Osterglaube geweckt und gestärkt wird, haben wir die von den Aposteln ausgehende Kette der Tradition.

Sie reicht sehr weit zurück, diese Kette. Und die des 1. Korintherbriefes ist ganz besonders nah bei den Anfängen, zeitlich noch näher übrigens als die Evangelien. Da war ein junger Rabbi namens Jesus von der römischen Besatzungsmacht hingerichtet worden. Er war so unvorsichtig gewesen, aus der Provinz zusammen mit seinen Anhängern in die Hauptstadt zu kommen. Da gab es kurzen Prozeß wegen Störung der öffentlichen Ordnung: Ab ans Kreuz! Ja, und dann war es nicht, wie man erwartet hatte, zu Ende gewesen. Sondern anschließend ist er, wie gesagt, gesehen worden. Und die ihn gesehen hatten, erklärten von ihm: er lebt! Und er ist der erwartete Christus Gottes. Sein Tod ist nicht einfach als unglücklicher Zufall zu verstehen. Tod und Auferstehung sind vielmehr zu verstehen nach der Schrift; das heißt, sie entsprechen dem Alten Testament. Wo immer sich dieser Ausdruck findet, »nach der Schrift«, meint er einen langen, heilsgeschichtlichen Plan Gottes. Daß man Gottes Hand erkennt in diesem Ereignis, der sich die Dinge nicht entwinden läßt, sondern sie durchführt, wie er es schon immer für gut befunden hat. Daß er gegen allen Augenschein das Heft in der Hand behält. Nach der Schrift, damit meinen die Augenzeugen Jesaja 53. In diesem Kapitel ist eine öffentliche Folterung erzählt, die der Delinquent stumm über sich ergehen läßt. Die Zuschauer wissen nicht recht, warum er eigentlich so grausam behandelt wird. Irgendetwas wird schon vorliegen, irgendwas wird er schon pekziert haben. Bis mit einem Mal aus ihnen die Erkenntnis herausbricht: »Fürwahr, er trug *unsere* Krankheit und lud auf sich *unsere* Schmerzen. Er ist um *unserer* Missetaten willen verwundet und um *unsere* Sünden willen zerschlagen. Die Strafe liegt auf ihm, auf daß *wir* Frieden hätten und durch seine Wunden sind *wir* geheilt.« Ein halbes Jahrtausend vor der Kreuzigung Jesu ist das geschrieben. Jetzt nehmen's die Augenzeugen her, um diese Hinrichtung zu erläutern als Demonstration dafür, daß Leiden und Gewaltlosigkeit stärker sind als Aggression und Rache. Daß mit ihm eine neue Zeit anfängt, das Reich Gottes, das durch Liebe regiert wird. So haben's jene Augenzeugen erklärt, um die überwältigende Begegnung mit dem Auferstandenen in Worte zu fassen. Die Vision selber, läßt sich nicht beschreiben und weitergeben. Die sprengt unser Ausdrucksvermögen, die übersteigt unser Begreifen, die ist im buchstäblichen Sinn unbeschreiblich. Aber es fällt ein Licht von ihr her auf die dürren Ereignisse, ein Licht, das sich in andeutende Worte einfangen läßt. Und das haben die Augenzeugen von Anfang an getan. Knapp, prägnant, auf das beschränkt, was ihnen wesentlich war, einprägsam, damit man sich's leicht merken kann. So ist das älteste christliche Glaubensbekenntnis geworden, unmittelbar nach Jesu Abschied. Paulus verfaßt es nicht selber, er setzt anscheinend voraus, daß es den Korinthern bekannt ist, so wie wir unser Glaubensbekenntnis auswendig können. So will er ihnen nichts Neues sagen, sondern sie erinnern und vergewissern,

daß Christus gestorben ist für unsere Sünden
nach der Schrift
und daß er begraben worden ist
und daß er auferstanden ist am dritten Tage
nach der Schrift
und (damit schließt sich der Kreis) daß er gesehen worden ist.

Das legt Paulus in die Waagschale für den Glauben an die Auferstehung. Er gibt es weiter an die, von welchen der Auferstandene nicht gesehen worden ist. Er gibt es weiter, damit auch diese glauben können wie die Augenzeugen. Er gibt es weiter als Anhalt für unseren Osterglauben.

Er gibt es weiter, damit auch wir etwas davon austrahlen, daß unser Herr lebt. Damit wir von unserer Schuld freiwerden bei seinem Kreuz. Damit wir aus der Freiheit leben, in die er uns versetzt. Damit wir die Gemeinschaft verwirklichen, die die Auferstehung stiftet. Damit wir Gottes Allmacht erfahren, die stärker ist als das Dunkle und Böse.

Unser christlicher Glaube ist alles andere als ausgewogen. Je kräftiger und lebendiger er ist, desto mehr neigt er sich zum Leben, zur Zuversicht, zur Auferstehung. Bei keinem ist er so unerschütterlich, daß ihm Verstärkung nicht guttäte. Und bei keinem so zaghaft, daß er durch ein zugefügtes Gewicht nicht wieder kräftig werden könnte. Deshalb wollen wir unsere Waagschale gern dem Paulus hinhalten und ihn seine Gewichte für den Glauben einlegen lassen, auch bei uns.

Liedpredigt:
»Auf, auf, mein Herz, mit Freuden«

(EG 112)

Wir haben eine frohe Botschaft zu verkündigen und zu hören. Der Herr ist auferstanden, er ist wahrhaftig auferstanden! Der Tod ist verschlungen vom Sieg! Habt ihr's nicht gehört, habt ihr's nicht vernommen? Paul Gerhardt will uns mit seinem Lied hineinnehmen und mitreißen in den österlichen Jubel. Er sagt nicht, du mußt dich jetzt freuen. Freude kann man nicht befehlen. Aber Freude kann anstecken. So spricht er im Ich-Ton: ›Auf, auf, mein Herz, mit Freuden‹. Mit diesen Worten beginnt sein Osterlied, in dem er von der Osterfreude und Gewißheit erzählt, die ihn erfüllt. Johann Crüger, mit dem er freundschaftlich verbunden war, hat für das Lied noch im gleichen Jahr eine Melodie geschrieben, die ihm musikalische Flügel verleiht und uns herausholen will aus aller Resignation. Nimm doch wahr, Herz, was heute geschieht. Nimm wahr, was schon geschehen ist. Der Herr ist auferstanden, nimm's wahr!

Es ist kein Zufall, daß Paul Gerhardt an das Herz appelliert, nicht an den Verstand. Er weiß sehr wohl, daß, wie es Saint Exupéry so treffend ausdrückt, man nur mit dem Herzen gut sieht und das Wesentliche für die Augen verborgen ist. Wo gilt das mehr als bei der Osterbotschaft. Kommt der Verstand da nicht ins Stottern? Er nimmt doch nur wahr, ›wo man uns (einmal) hinträgt‹. Herz, nimm's doch wahr mit Freude, was nach all dem Leid geschehen ist. Nimm das große Licht wahr! Paul Gerhardt denkt natürlich an den grauenvollen Karfreitag. Alles schien aus und vorbei zu sein. Jesus ›war ins Grab gesenkt, der Feind trieb groß Geschrei‹. Nicht nur die unmittelbaren Feinde Jesu triumphierten, sondern die Mächte der Finsternis, ›die Höll und ihre Rotten‹, ›der Tod mit seiner Macht‹. Was stand nicht alles auf dem Spiel, als Erd und Himmel miteinander rangen. Nicht irgendeiner, sondern der Sohn Gottes ward gehorsam bis zum Tod am Kreuz und entmachtete den Tod und die Hölle.

Paul Gerhardt weiß, daß dies der Verstand nicht wahrnimmt, aber das Herz jubelt vor Freude. Das will er kundtun, wie er es auch beim Anblick des Kindes in der Krippe kundgetan hat: »Fröhlich soll mein Herz springen« (EG 36) oder beim Anblick der herrlichen Schöpfung: »Geh aus, mein Herz, und suche Freud in dieser lieben Sommerzeit« (EG 503). Nur mit dem Herzen sieht man gut! Aber auch das Singen kommt aus dem Herzen: »Ich singe dir mit Herz und Mund« (EG 324). Singen und Musizieren sind die rechte Weise, um Gott zu preisen. Doch muß das Herz immer wieder dazu ermuntert werden: »Wach auf, mein Herz, und singe« (EG 446).

Der Glaube singt von dem Sieg, den niemand mehr streitig machen kann. »Gott sei Dank, der uns den Sieg gegeben hat durch unseren Herrn Jesus Christus« und »er sieget mit seiner Rechten und mit seinem heiligen Arm.« ›Christus ist wieder frei und ruft Victoria‹. Paul Gerhardt spielt auf die Bilder der christlichen Kunst an, die den Auferstandenen aus dem Grabe tretend mit dem Siegesbanner darstellen (Strophe 2).

Karfreitag und Ostern sind nicht eine Art Mysterienspiel, das der Glaube aus großem Abstand wie auf einer Bühne anschauen kann, sondern das immer wieder neu Wahrgenommene will unser Herz freudig und getrost machen. ›Nun soll mir nicht mehr grauen vor allem, was mir will entnehmen meinen Mut‹, heißt es in der dritten Strophe. Paul Gerhardt wußte, wovon er redete. Der grauenvolle Dreißigjährige Krieg war kurz vor seinem Ende. Doch wer wußte das schon. Wie furchtbar hatte er gewütet und in seiner Folge Pest, Hunger und Tod. Die Welt war ein Jammertal; was vermochten Menschen Menschen anzutun.

Woher nimmt Paul Gerhardt nur den Mut so zu reden: ›Die Höll und ihre Rotten, die krümmen mir kein Haar … Der Tod mit seiner Macht wird nichts bei mir geacht‹ (Strophe 4). War und ist der Tod nicht allgegenwärtig? Bin ich ihm nicht ausgeliefert? Spüre ich in mir nicht die Angst vor dem Sterben? Ich muß es zugeben. Doch wenn ich wahrnehme und wahr sein lasse, daß Christus dem Tod die Macht genommen hat und das Leben und ein unvergängliches Wesen ans Licht gebracht hat und wir ihm gleich sein werden in der Auferstehung, dann hat der Tod seine tatsächliche Macht und seinen Schrecken verloren: ›Er bleibt ein totes Bild und wär er noch so wild‹.

In der fünften Strophe taucht der Begriff ›Lachen‹ auf. Lachen drückt sehr Verschiedenes aus: das befreiende Lachen, nachdem eine große Last von uns genommen ist; das vergnügte und fröhliche Lachen in heiteren Stunden. Aber es gibt auch ein Lachen, das als Waffe eingesetzt wird: herabsetzendes Lachen. Das ist zum Lachen, das ist lächerlich, sagen wir und verurteilen damit etwas und wehren es ab. In dieser unterschiedlichen Weise ist auch in der Bibel vom Lachen die Rede. Selbst von Gott heißt es, Gott lacht ihrer (Ps 2,4; 59,9); gemeint sind damit die Feinde Gottes und die Gottlosen. Das Lachen Gottes weist sie in ihre Schranken und rückt die Maßstäbe zurecht. Umgekehrt werden Gottlose und Reiche ob ihres Lachens gewarnt, während die Frommen getröstet werden. Der Mund der Erlösten wird voll Lachens sein (Ps 126). Hier knüpft Paul Gerhardt an, wenn er sagt, ›die Welt ist mir ein Lachen‹. Es ist nicht das Lachen dessen, der diese Welt verachtet, als ginge sie ihn nichts an, im Gegenteil. Es ist das Leiden und Mitleiden an und in dieser Welt, das ihn von dem reden läßt, was ihm Halt gibt: ›Die Sonne, die mir lachet, ist mein Herr Jesu Christ, das, was mich singen machet, ist, was im Himmel ist‹ (EG 351,13). Sein Lachen hat seinen Grund in der Hoffnung, daß die Erntezeit kommt, die Gram und Leid in Freude und Lachen verwandeln wird (EKG 296,6). Die Anspielung auf Psalm 126 ist unverkennbar. Es fällt auf, daß die erwähnten Lieder Paul Gerhardts in zeitlicher Nähe des Endes des Dreißigjährigen Krieges entstehen. Nun könnte man vorschnell sagen, seine Frömmigkeit sei eine Vertröstung auf ein besseres Jenseits. Dieser Vorwurf war und ist nur dann berechtigt, wenn mit Paul Gerhardts Frömmigkeit eine Abwendung von der Welt und den in ihr Leidenden gemeint ist, ein Verrat an der Liebe zu den geringsten Brüdern. Gleichwohl ist Glaube immer ein Warten auf die »über alle Maßen gewichtige Herrlichkeit«, die die Trübsal dieser Zeit ertragen läßt, wie es Paulus ausdrückt (2. Kor 5,17). Es ist bei Paul Gerhardt das Dennoch des Glaubens, das ihn lachen läßt, nicht aber Überheblichkeit. Er nimmt den Unterschied zwischen dem zeitlich Vergänglichen und dem ewig Bleibenden bewußt war.

Hinter der sechsten Strophe steht das biblische Bild vom Leib Christi. Christus verbindet die Christen untereinander und miteinander wie die Glieder eines Leibes. Sie sind nur lebensfähig in dieser Verbindung. Im Epheserbrief wird das anschauliche Bild dahingehend verändert, daß Christus das Haupt dieses Leibes ist. Paul Gerhardt setzt bei letzterer Aussage ein, wenn er seinen Weg und seine Hoffnung als Christ so beschreibt: ›Ich hang und bleib auch hangen an Christus als ein Glied‹. Und dann benennt er die Gefährdungen dieses Weges: Tod, Welt, Sünde, Not, schließlich die Hölle. Christus reißt mich hindurch, sagt er. ›Ich bin stets sein Gesell.‹ Merkwürdigerweise beginnt er seine Aufzählung mit dem Tod. Ist er die gefährlichste Stelle der Reise? Hier steht ja alles auf dem Spiel. Welchen Ausgang nimmt dieses Leben? Der nihilistische Gedanke der Moderne, daß mit dem Tod alles aus sei, war ihm indes fremd. Wie geschieht aber dieses ›er reißet durch denTod‹? Paul Gerhardt bleibt im Bild und sagt: ›Wo mein Haupt durch ist gangen, da nimmt er mich auch mit‹. Ist dabei unbewußt etwa an eine Geburt gedacht? Zumindest das Bild legt es nahe. Der Kopf ist das Erste, was geboren wird und in das Leben eintritt. Dies wäre ein faszinierendes Bild für das so ganz Unbegreifliche, was andererseits für ihn so ganz selbstverständlich ist, daß der Tod Eingang in das Leben ist, das ewig ist und darum vollkommen unvergleichbar mit allem Bisherigen. Davon spricht er in den folgenden Strophen in traditionellen Bildern, dem ›Saal der Ehre‹ und der ›Pforte zum Himmel‹. Hier aber könnte zumindest eine Geburt angedeutet sein, eine Wiedergeburt im Tode zum ewigen Leben.

In der siebten und achten Strophe verharrt er zunächst bei dem so tröstlichen Gedanken der Gliedschaft am Leibe Christi angesichts all der Bedrängnisse des Glaubens: ›Mein Heiland ist mein Schild, das alles Toben stillt‹. Es gilt, ihm nachzufolgen im Vertrauen darauf, daß er ans Ziel bringt. Dieses Ziel hat er indes fest im Blick und die Pforte, die zum Himmel führt. An ihr ist zu lesen: ›Wer dort wird mit verhöhnt, wird hier auch mit gekrönt; wer dort mit sterben geht, wird hier auch mit erhöht‹. Wir tun uns gewiß schwer mit einer Frömmigkeit, die sich so unbekümmert traditioneller Bilder bedienen kann für das, was sie hofft und trägt. Zugleich aber spüren wir die mitreißende Kraft dieser Frömmigkeit, die sich sowohl in der Sprache, wie auch in der Melodie dieses Liedes ausdrückt. Es sind eben nicht nur Worte, sondern hinter ihnen steht ein Leben, das im Leiden gereift und durch den Glauben verwandelt ist.

Liedpredigt: »Der schöne Ostertag«

(EG 117)

Vorbemerkung: Ein neues Osterlied wollen wir heute singen; allerdings: die Vorlage ist mehr als 300 Jahre alt und in den Niederlanden entstanden.
Dann hat ein Geistlicher der Anglikanischen Kirche den Text aufgenommen; und schließlich ist das Lied von Jürgen Henkys in deutscher Sprache frei nachgestaltet worden.
Die Worte und die Melodie sprechen mich besonders an; und vielleicht geht es Ihnen ähnlich. Lassen Sie uns nach dem Vorspiel die erste Strophe zunächst zweimal singen.

»Der schöne Ostertag! Ihr Menschen kommt ins Helle!« So klar und einfach beginnt dieses Lied. Keine schwerfälligen Gedanken; kein Vortrag über Ostern. Keine Diskussion: Was war damals, was ist an diesem Morgen geschehen?

Stattdessen weiß ich mich angesprochen; ja mit anderen zusammen bin ich gerufen:

»Kommt und seht!« Seht den schönen Ostertag! Kommt ins Helle! Das wirkt befreiend.

Und dem entspricht das Bild, das der Lieddichter in der ersten Strophe nachzeichnet: Christus brach aus seiner Zelle; sein Grab, sein Gefängnis mußte ihn freigeben. Denn der schwere Stein liegt nicht mehr davor.

Befreiend wirkt die Bewegung des Liedes; und das spiegelt sich auch in der Vertonung.

›Doch nun ist er erstanden‹ – viermal dieses entscheidende Wort! Und dabei springt die Melodie gleichsam nach oben – zunächst eine und schließlich zwei Stufen höher: was für ein mitreißender Schwung!

Kommt und seht! Seht den schönen Ostertag! Laßt euch ins Helle rufen!

Da spüre ich: In diesem Lied verdichtet sich, was wir in der Osternachtsfeier erleben.

Und das wird in der zweiten Strophe deutlich:

Wir sind gerufen, aus unserer Zelle herauszukommen. Was uns bedrängt, was uns niederwirft, wird uns nicht gefangenhalten. Gewiß: Schuld und Krankheit können uns schwer belasten. Da fühlt sich jemand eingesperrt – wie in einem Gefängnis. Vorwürfe und Schuldgefühle, quälende Gedanken, die sich im Kreise drehen: Das kann uns zu Boden drücken.

Dazu Flut und Beben: Naturkatastrophen, die Menschen unvermittelt treffen; böse Unglücksfälle, gemeine Verbrechen: Auch wenn wir nur davon erfahren, kann uns das manchmal sprachlos machen. Gewiß: Solche Erfahrungen lasten auf uns und vermitteln uns den Eindruck: Wir haben zu kämpfen.

›So ist das‹, höre ich den Dichter dieses Liedes sagen. ›Doch nehmt euch zu Herzen: Ihr kämpft nicht umsonst. Die Last, unter der ihr leidet, wird euch nicht erdrücken. Denn Jesus Christus hat euer Kreuz ins Leben getragen.‹

Welch eindrückliches Bild! Das Kreuz ins Leben getragen. Also werden wir all unsere Last tragen, damit leben.

Und das gilt, weil wir den Ruf hören, mitsprechen, ja mitsingen können: ›Doch nun ist er erstanden.‹ Darauf liegt der Ton.

Und wer sich in diese Bewegung hineinziehen läßt, bekommt eine neue, weite Perspektive: Das läßt die dritte Strophe deutlich werden: Ich muß von hier nach dort. Gewiß: Es gilt gleichsam, einen gefährlichen Fluß zu überqueren. Da muß ich hindurch, wenn ich sterbe. Dieses Bild kommt mir sehr nahe. Der Dichter verharmlost nichts; er sagt vielmehr deutlich: Die Wellen des Todes erleben wir Menschen wie eine starke Brandung. Doch die Flut reißt uns nicht fort. Wir werden ans andere Ufer hinüberkommen.

Ich denke dabei an das Volk Israel, wie es durch das Schilfmeer ziehen konnte, wie sich später der Weg durch den Jordan öffnete. Gott ließ sein Volk hindurchziehen und führte die Menschen in das gelobte Land.

Ebenso gilt: Christus hat die Flut des Todes durchschritten. Deshalb können wir darauf vertrauen: Auch diese letzte gefährliche Strömung wird uns nicht wegreißen.

Jesus Christus wird uns durch diese Flut hindurchführen; so werden wir das andere Ufer erreichen. Und dort wartet ein neues Leben auf uns.

Ostern zu feiern, das heißt zugleich: diese weite Perspektive zu gewinnen. Weil Christus auferstanden ist, darum werden wir leben – jetzt und in Zukunft.

Dabei wird mir bewußt: In diesem neuen Osterlied sind verschiedene biblische Motive wunderbar verbunden. Da erkenne ich einen roten Faden wieder, der sich durch die Heilige Schrift hindurchzieht:

Gott hat die Welt geschaffen und den hellen Tag anbrechen lassen. Er hat sein Volk aus der Gefangenschaft befreit und durch die Flut geführt; Gott hat Jesus Christus auferweckt, darum gilt: Er hat das Kreuz ins Leben getragen.

Der schöne Ostertag! Ihr Menschen kommt ins Helle: Dieser Ruf will uns bewegen und mit Freude erfüllen. Lassen wir uns in diese Bewegung hineinziehen! Folgen wir diesem Ruf – nehmen wir miteinander die Botschaft auf: ›Doch nun ist er erstanden!‹

Bildbetrachtung: »Ostern«

Bronzetür in Hildesheim

Papst Gregor der Große (um 590 n. Chr.) hat gelehrt: Was die Schrift für die bedeutet, die lesen können, das leistet das Bild für die, die es nicht können. Von daher sind viele religiöse Kunstwerke des Mittelalters Predigten – Bildpredigten. Das gilt auch für die Bronzereliefs auf der Tür am Dom zu Hildesheim. Bischof Bernward von Hildesheim (um 1000 n. Chr.), der die Gestaltung der Türen in Auftrag gegeben hat, wollte den Menschen das Evangelium verkünden. Er tat das nicht nur mit Worten, sondern »multimedial«. Was die Gläubigen beim Gottesdienst im Dom mit ihren Ohren aufnahmen, konnten sie an den Türen mit eigenen Augen sehen. Bernward predigte »audiovisuell«.

Unser Osterbild ist die Wiedergabe einer Reliefplatte aus dem rechten Flügel der Domtür. Das Relief schildert, wie drei Frauen vor dem Grab Jesu dem Engel Gottes begegnen. Das Bild ist einfach gegliedert: Die rechte Hälfte nehmen die drei Frauen ein, die linke zeigt das Grabmal. In der Mitte sitzt der Engel. Der Hintergrund ist konturenlos. Morgennebel und eine Hell-Dunkel-Andeutung mögen wir hineinsehen können. Aus seiner Fläche ist das Gestaltete halbplastisch herausgearbeitet. Das Bild enthält nichts, was nicht unmittelbar zur Erzählung gehört. Aber gerade diese Beschränkung läßt die Gestalten sich umso klarer vom Hintergrund abheben. Die Darstellung ist so kraftvoll, daß wir darüber vergessen, sie auf ihre »Richtigkeit« hin zu überprüfen. Sie verbindet zwei Evangelienbereiche miteinander. Die drei Frauen stammen aus der Erzählung des Markus-Evangeliums (Mk 16,1), der Engel kommt bei Matthäus vor (Mt 28,2).

Die Frauen treten von rechts hintereinander vor den Engel. Ihre Gesichter sehen wir im Halbprofil, ihre Körper sind dem Betrachter zugewandt. Sie tragen Salbengefäße und Tücher in den Händen. Leicht gebückt, mit hängenden Schultern und gesenkten Köpfen stehen sie wie angewurzelt auf einer Art Weg.

Aus: Georg Mross, Ins Leben gehoben, Bernward Verlag Hildesheim 1985, Foto: Werbefotografie Wehmeyer, Hildesheim

Die Körper sind in weit fallende Trauermäntel gehüllt. Und die Heiligenscheine auf ihren Köpfen wirken wie Trauerhüte. Haltung und Gesten sprechen von Traurigkeit und Verlustschmerz. Diesen drei Frauen neigt sich, in der Mitte des Bildes auf einer Art Stuhl wie auf einem Thron sitzend, das Grabmal im Rücken, der Engel zu. Hoch ragen seine beiden Flügel in den Himmel. Nur leicht berührt sein Körper den Sitz. Die Figur wirkt so, als sei der Engel gerade von oben eingeschwebt. Die Erdenschwere der Frauen steht im Gegensatz zu der schwebend-leichten Haltung des Engels. Er ist nicht von dieser Welt. Seine linke Hand streckt er ihnen weisend entgegen. Ich höre ihn sagen: »Fürchtet euch nicht! Ich weiß, daß ihr Jesus, den Gekreuzigten, sucht. Er ist nicht hier; er ist auferstanden, wie er gesagt hat. Kommt her und sehet die Stätte, da er gelegen hat, und geht eilend hin und sagt es seinen Jüngern, daß er auferstanden sei von den Toten. Und siehe, er wird vor euch hergehen nach Galiläa; da werdet ihr ihn sehen. Siehe, ich habe es euch gesagt« (Mt 28,5–7). Die Frauen horchen aufmerksam. Die Köpfe der beiden vorderen sind wie lauschend ein wenig seitlich zur Schulter hingeneigt. Ihre Augen sind visionär aufgerissen. Jedoch scheinen sie den Engel nicht wirklich zu sehen. Irgendwie wirken ihre Gesichter nach innen gekehrt, so als geschehe etwas in ihnen, was sie in seinen Bann zieht. Die mittlere hebt abweisend die rechte Hand. Die letzte senkt kummervoll das Haupt. Krampfhaft halten sie ihre Salbentöpfe, so als müßten sie dadurch die Realität des Lebens festhalten gegen die wirklichkeitsfremde Botschaft des Engels. Trauer und Furcht, Staunen und Nichtbegreifen stehen ihnen ins Gesicht geschrieben. Das Grabmal, ein monumentales Gebäude, beherrscht die linke Bildhälfte. Es ist nicht das Felsengrab der Evangelienberichte. Von einem weggewälzten Stein sehen wir nichts. Es sieht wie ein Mausoleum aus, wie ein Grabhaus, dessen Tor offen ist. Es ist gestaltet unter Zuhilfenahme mittelalterlicher Zeichen und Symbolik. Zwei starke Säulen tragen ein Dach mit einem wuchtigen Giebel. Sie erinnern an die »Säulen des Himmels« (Hiob 26,11), die vor der göttlichen Macht erzittern. Vom Giebelbalken herab hängt zwischen den Säulen ein Tuch herunter, das zu einem dicken Knoten verschlungen ist. Seine Bedeutung wurzelt in der archaischen Symbolik des Bindens und Lösens. Der Knoten soll die widergöttlichen Mächte binden. Er deutet darauf hin, daß die Gefahr des Todes gebannt, seine Macht gebunden ist. Das verknotete Tuch gibt den Blick in das Innere des Gebäudes frei. Kein Leichnam liegt darin. »Der Tod ist verschlungen in den Sieg« (1. Kor 15,55).

Darauf weisen auch die Fülle der Zeichen, die die Dreizahl enthalten: drei Stoffbahnen im Tuch, drei Säulenarkaden im Tympanon und am Längsdach, drei Reihen Dachziegel, das Dreieck des Giebels, drei Bögen als Standort für die Füße des Engels und der beiden vorderen Frauen. Die Dreizahl ist Sinnbild für die Überwindung der Entzweiung.

Die Folge der Entzweiung zwischen Gott und Mensch ist der Tod. Dieses Grab durchbricht die Logik des Todes. Das neue Leben, das der Engel verkündigt, setzt sich durch. Dafür steht die Dreizahl der Frauen. Sie erfahren diese, neues Leben eröffnende Botschaft als erste, stellvertretend für die Menschheit.

Das Gebäude des Todes hat seine Gewichtigkeit verloren. Ich vermute, daß der Künstler deshalb das Haus des Todes im Vergleich zu der Gestaltung der Frauen und des Engels weniger plastisch herausgearbeitet hat. Es wirkt blasser; es verliert an Gewicht. Übrigens: Die Dreier-Symbolik erinnert auch an den dritten Tag, an dem Jesus auferstanden ist, und an die drei Tage und drei Nächte, die er in der Unterwelt zubrachte, um die Toten aus der Hölle herauszuführen (Mt 12,40). In diesen Zusammenhang gehört schließlich die Darstellung des dreibogigen Weges, der sich bei genauerem Hinsehen wie eine Schlange nach rechts zum Bildrand hin über den Boden windet. Der Kopf der Schlange liegt am rechten unteren Bildrand. Der Engel Gottes setzt seine Füße darauf. Er verhindert, daß die Schlange hochkommen und ihr tödliches Gift verspritzen kann. Die Frauen können gefahrlos darauf stehen. Auch wenn die Schlange – Sinnbild für Sünde im Alten Testament – die Wege der Menschen noch begleitet, so ist sie doch letzten Endes wirkungslos. Sünde und Tod können das Leben nicht mehr endgültig vergiften.

Auf dem Giebel des Grabhauses hoch oben über dem Geschehen thront das Kreuz. Es ragt fast über den Bildrahmen heraus und weist so auf die überwältigende, jeden Rahmen sprengende

Kraft der Auferstehung hin. Das Grab wandelt sich zur Kirche. Die Kirche ist nicht das Grab Jesu Christi. Denn es ist leer. Die Kirche ist die Verkünderin der Auferstehung.

Die alte Schlange, Sünd und Tod,
die Höll, all Jammer, Angst und Not
hat überwunden Jesus Christ,
der heut vom Tod erstanden ist. Halleluja.

(EG 106,2)

Ich bin überwältigt von der gestalterischen Tiefe, Sein und Zeit umfassenden Aussage dieses Bildes. Große Ernsthaftigkeit und bewegende Hoffnung gehen von ihm aus. Es verkündigt die Überwindung des Todes als umwälzendes welt- und heilsgeschichtliches Ereignis. Es spannt den Bogen vom Sündenfall, der den Tod in die Welt brachte, bis zum Eingriff Gottes in die Menschheitsgeschichte am Ostermorgen in Jerusalem, als die Macht des Todes gebrochen wurde. Schlange, Grab und Engel zeichnen den heilsgeschichtlichen Spannungsbogen, den dieses Relief umgreift.

In der Gestalt des Engels berührt der Himmel die Erde. Gott und die Welt sind wieder miteinander verbunden.

Die Frauen treffen nicht auf den altbekannten Engel, der den Zugang zum Paradies verschloß und mit dem Schwert bewacht. Sie treffen auf den Engel, der den Weg zum Paradies weist. Sie begegnen nicht der altbekannten Macht der Schlange, des Widergöttlichen. Die Frauen erinnern mich an die Ahnfrau Eva. Die zum Tode führende Begegnung Evas mit der Schlange wandelt sich in die zum Leben führende Begegnung der Nachfahrinnen Evas mit dem Engel der Auferstehung.

Es entscheidet über unser ganzes Dasein, inwieweit wir mitten im Tod die Gestalt eines Engels zu erblicken vermögen, der unzerstörbares Leben verkündet. Die drei Frauen schauen diesen Engel. Und wir verstehen die Furcht, die sie ergreift. Etwas Unheimliches, eine ewige Beunruhigung geht von diesem Grab aus. Nun ist gewiß, daß niemals mehr sich Gräber über Menschen schließen werden. Hoffnung auf schwebend-leichtes Leben gegen Erdenschwere und Erdenlast verheißt der Engel.

Jede Verzweiflung, jede Traurigkeit, jede Einsamkeit ist wie ein in sich geschlossenes Grab. Erst seit der Vision der Frauen am Ostermorgen ist unser Leben endgültig offen zur Hoffnung, zur Freude, zur Gemeinschaft. Seither brauchen wir den Lebenden nicht mehr zu suchen bei den Toten (Lk 24,5). Weil er unser Leben ist und erwirkt, haben Menschen seit 1 000 Jahren, seit der Gestaltung der Bronzetüren am Dom zu Hildesheim, ja seit 2 000 Jahren, seit der Vision der Frauen am Grab, nie aufgehört, an ihn zu glauben. Es ist möglich, das Leben 1 000fach zu töten; es wird sich 2 000fach nur um so glaubhafter erweisen als die Macht Gottes, die Leben schafft aus dem Tod und gegen den Tod.

In der Logik des Todes, die Jesus tötete, bleiben wir Menschen eingekerkert in die Todeshäuser und Grabkammern dieser Welt. In der Logik Gottes, die der Engel verbildlicht, gilt: Jeder Mensch, der in der Nähe Jesu zu einem neuen Leben gefunden hat, braucht fortan selbst den Tod nicht mehr zu fürchten. Ewig werden wir leben, und die Macht der Angst, die Macht der Verzweiflung, der Schatten der Schuld werden vergehen wie Frühnebel in der Morgensonne: Der Tag hat begonnen!

Das Tor zu den Grabkammern unseres Herzens ist offen.

Bildbetrachtung:
»Auf den Weg in das Leben geführt«

Lukas 24,13–35 im Spiegel eines Farbholzschnittes von Thomas Zacharias

Erste Eindrücke gewinnen

Drei verschiedene Farbzonen fallen mir besonders auf: Ich sehe den dunklen Bereich unten, die große grüne Fläche in der Mitte des Bildes und den schmalen hellen Streifen am oberen Rand. Drei unterschiedliche Bereiche, und ein schmaler Weg führt von unten nach oben: aus dem schwarzen Raum heraus zum Licht.

Ganz unten erkenne ich drei Gestalten. Noch haben sie den dunklen Bereich nicht verlassen; sie stehen auf schwarzem Untergrund, doch ihr Kopf reicht schon in den helleren Raum hinein. Das gilt besonders für die Person in der Mitte: Die weiße Fläche, die den Kopf umgibt, setzt sich in kleinen hellen Punkten fort und markiert den Weg bis zum oberen Bildrand.

Und dort sind die Umrisse einzelner Häuser zu erkennen. Zugleich wird eine weitere Spur sichtbar, die den Weg kennzeichnet: Orangefarbene Tupfer führen bis nach unten hinunter.

Drei Menschen stehen in einer dunklen Höhle; ich denke an ein Grab. Doch der Ausgang ist aufgesprengt. Die Tür steht offen.

Drei Menschen sind auf dem Weg; doch dunkle Schatten werden sie zunächst noch begleiten: Schwarze Streifen durchziehen den grünen Bereich. Aber auf die Wanderer wartet ein hellerer Raum; schon sind die Lichtspuren zu erkennen. Ihr Weg wird sie zu einem Ziel führen. Dort werden sie einkehren können; da werden sie Aufnahme finden.

»Gang nach Emmaus« – so ist Thomas Zacharias' Farbholzschnitt überschrieben; und der Künstler zeichnet die Ostererzählung des Lukas damit in besonderer Weise nach.

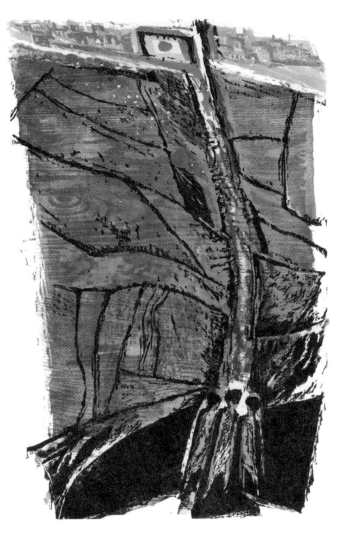

Thomas Zacharias:
Farbholzschnitte zur Bibel, Kösel-Verlag München 1974

Zwei Menschen sind unterwegs. Sie wandern – von Jerusalem nach Emmaus. Zwei Menschen sind auf dem Weg – niedergeschlagen und traurig. Und da gesellt sich ein dritter zu ihnen, geht mit, hört ihnen zu – läßt sie erzählen, was sie bedrückt.

Jesus Christus, der auferstandene Herr, begleitet die beiden Wanderer. Doch ihre Augen werden »gehalten«. Sie sind gefangen von dem, was geschehen ist. Und so können sie den lebendigen Herrn nicht wahrnehmen. Doch Er läßt sie erzählen.

»Was denn?« – mit dieser Frage öffnet Jesus den beiden Wanderern einen weiten Raum.

Nun erzählen sie ihm seine und ihre Geschichte: »Todesstrafe für Jesus von Nazareth, schreckliches Ende am Kreuz – enttäuschte Hoffnung – alles aus! Allerdings: Einige behaupten, das sei doch nicht alles gewesen. Frauen meinen gar, das Grab sei leer.

Er soll leben. Engel hätten das angeblich gesagt. - Erschreckt hat uns diese Nachricht wohl, noch einmal alles in uns aufgewühlt – aber uns ratlos gelassen. Das Grab soll leer sein, was hilft uns das?« -

Zwei Menschen sind unterwegs – enttäuscht und traurig. Im Schatten des Todes gehen sie ihren Weg. Und Jesus Christus wandert mit ihnen, hört ihnen zu, unterbricht sie nicht, begleitet sie.

Schließlich beginnt Er zu reden. Jetzt sagt Er ihnen deutliche Worte: »O ihr Toren, zu trägen Herzens, all dem zu glauben, was die Propheten geredet haben.«

Jesus legt den Wanderern die Schrift aus: »Christus *mußte* doch leiden und in seine Herrlichkeit eingehen.« Der Auferstandene predigt – doch die beiden Männer erkennen ihn nicht. Es gilt, einen *längeren Weg zurückzulegen*. Und Jesus bleibt bei ihnen, läßt sich von ihnen in die Herberge bitten. Und erst dort geschieht es: Während Er das Brot bricht und ihnen gibt, da werden ihre Augen geöffnet. Jetzt erkennen sie ihn; jetzt sind sie bereit, neue Erfahrungen zu machen. Jetzt kommen sie von ihren alten Leitbildern los; jetzt nehmen sie den lebendigen Herrn wahr. Sich selbst und ihr eigenes Leben sehen sie zugleich neu: Sie lassen sich aus dem Schatten des Todes lösen – und kommen wieder auf den Weg in das Leben: geraten in Bewegung, brechen auf, kehren zurück und erzählen den andern davon. Jetzt können sie sich freuen, denn ihnen geht auf: Jesus lebt – obgleich Er vor ihren Augen verschwunden ist.

Zugleich wird den Wanderern bewußt: Christus *war* schon bei uns, bevor wir es gemerkt haben. »Brannte nicht unser Herz in uns, als Er mit uns redete auf dem Weg und uns die Schrift öffnete.«

Die biblische Botschaft im Spiegel unserer Erfahrung

»Gang nach Emmaus« – dieser Farbholzschnitt nimmt die biblische Botschaft auf und spiegelt zugleich unsere Lebenserfahrung wider: Noch sind wir unterwegs; noch reichen die Schatten des Todes in unser Leben hinein. Widerstände machen uns auf unserem Weg zu schaffen: Kummer und Sorgen, Krankheit und Leid stellen sich quer, scheinen uns zu blockieren.

Doch zugleich können wir Lichtspuren entdecken und Hoffnung gewinnen:

In einem Gottesdienst weiß ich mich plötzlich persönlich angeredet. Da höre ich einzelne Worte aus einer biblischen Lesung, und plötzlich geht mir auf: Das gilt dir, ganz persönlich. Vielleicht spricht mich ein Satz einer Predigt besonders an oder eine Liedstrophe kommt mir nahe, geht mir zu Herzen und ich spüre: Du bist gerufen, dein Leben neu zu verstehen. Du bist aus erstarrter Haltung gelöst, zum Leben ermutigt!

Da feiere ich mit anderen zusammen das heilige Abendmahl – und plötzlich wird mir bewußt: Der auferstandene Herr ist jetzt gegenwärtig.

Oder: Ich bin bedrückt und von bösen Erfahrungen gleichsam eingeschlossen. Und da finde ich jemanden, der sich mir zuwendet, der mich *auf meinem Weg ein Stück weit begleitet* und schließlich ein hilfreiches Wort zu mir sagt. Plötzlich öffnet sich mein Gefängnis und ich erkenne den Weg, der ins Freie führt. So wie in unserem Bild.

Manche von uns können wohl von solchen oder ähnlichen Erfahrungen erzählen: Begegnungen, in denen etwas aufleuchtet. Da fällt es uns wie Schuppen von den Augen.

Allerdings: Manchmal geht uns das erst später auf; dann fragt sich jemand: Wie konnte ich mich überhaupt so einsam fühlen? Ich war doch gar nicht allein. Wie konnte ich dieses Zeichen zunächst übersehen? Dies ist doch ein Fingerzeig Gottes gewesen. Erst jetzt gehen mir die Augen auf; erst im Rückblick begreife ich: Der auferstandene Christus war schon vorher bei mir. Er hat mich aus dem Schatten des Todes gelöst und auf den Weg in das Leben geführt.

Noch einmal betrachte ich das Bild und mir wird deutlich: Der Künstler nimmt die Osterbotschaft auf und bringt sie mir nahe – im Spiegel meiner Erfahrung. Auf meinem Lebensweg Lichtspuren zu entdecken und deshalb zuversichtlich weiterzugehen: Dazu bin ich gerufen und ermutigt.

Kurzandacht:
»Gott tötet und macht lebendig«

1. Samuel 2,1–2.6–8a

Unsere Predigtgeschichte ist 1000 Jahre älter als die Erzählungen von Jesu Auferweckung. Wir finden sie nicht unter den Ostergeschichten des Neuen Testaments. Dennoch kann sie uns die Osterbotschaft nahe bringen.

Wir begegnen in ihr einer Frau namens Hanna. Wir nehmen an ihrem Geschick teil. Wir lassen uns von ihrer Klage anrühren, und wir freuen uns mit ihr über ihr Glück. Ein alter Hymnus faßt in Worte, was Hanna fühlt und denkt. Ich lese daraus einige Verse vor:

Mein Herz ist fröhlich in dem Herrn,
weit tut sich auf mein Mund,
denn ich freue mich deiner Hilfe.
Die Unfruchtbare gebiert sieben,
dieweil die Kinderreiche dahin welkt.
Der Herr tötet und macht lebendig,
er stößt in die Grube und führt herauf.
Der Herr macht arm und macht reich,
er erniedrigt und er erhöht.

Die Frau singt von einer radikalen Wende ihres Lebens. Unglück wandelt sich in Glück, Klage in Lobgesang, Unrecht in Recht.

Hören wir ihre Geschichte: Hanna lebte vor etwa 3000 Jahren in Israel. Sie war eine Frau wie jede andere auch. Verheiratet! – Glücklich? Wohl kaum. Sie hatte einen Makel. Sie hatte keine Kinder. Sie galt nichts, sie war nichts. Ihr Körper war wie tot, denn in ihm wuchs kein neues Leben. Täglich mußte sie kränkende Worte und verachtende Gesten aushalten. Sie stand im Abseits, ganz außen und ganz unten. Die Leute zerrissen sich die Mäuler über sie. Sie fühlte sich zu tot, um zu leben. Und dann geschah, was niemand für möglich gehalten hatte. Hanna gebar einen Sohn. Sie nannte ihn Samuel. Namen haben ihre Bedeutung. Samuel heißt: Ich habe ihn von Gott erhalten. Sie ging in den Tempel. Sie sang ein Lob- und Danklied auf Gott. Er hatte ihre Schmach beendet. Er hatte sie zu Ansehen gebracht. Er hatte ihr Unglück in Glück verwandelt, ihren Kummer in Freude. Er hatte ihr Geschick gewendet. Die Geburt des Sohnes war für sie die Wende ihres Lebens. Alles war neu. Alles war gut. Das Leben hatte noch einmal begonnen.

Ein Glück, liebe Gemeinde, daß es diese Frau Hanna gegeben hat. Sie zeigt uns, wer unser Geschick in der Hand hält und wer Himmel und Hölle in Bewegung setzt – uns zugute. Als sie sich zu tot fühlte, um zu leben, da tat sich ihr neues Leben in ihrem Sohn auf. Als sie halbtot vor Angst und Demütigung war, da wuchs Kraft zum Beten in ihr; Kraft, nicht klein beizugeben, Kraft, sich gegen ihr Schicksal aufzulehnen. Als die Kränkungen sie todkrank zu machen drohten, da wuchsen ihrer Seele Flügel der Hoffnung. Hanna hat standgehalten in ihrer Not. Hanna hat die Hoffnung nicht aufgegeben. Hanna hat sich den Mut nicht nehmen lassen, gegen ihr Unglück anzukämpfen.

Das Lied, das sie anstimmte, ist älter als sie selbst. Es ist ein Hymnus, den sie vermutlich von den Wallfahrten zum Heiligtum her kannte. Darin fand sie sich wieder. Also sang sie von dem Gott, der das Blatt des Lebens radikal wendet, der das unterste zuoberst kehrt und das oberste zuunterst. So ist Gott: Er macht arm und macht reich. Er erniedrigt und erhöht. Er tötet und macht lebendig. Er stößt in die Grube und führt herauf. Hanna sang das Lied vom Leben aus dem Tod.
Sie sang das Lied von der Wende.
Das könnte auch ein Osterlied sein. Aus der Ferne der Zeiten kann es uns einstimmen auf die radikale Wende vom Leben aus dem Tod: »Der Herr tötet und macht lebendig, er stößt in die Grube und führt herauf«.

Es mußte sich ja etwas radikal wenden, damit aus Karfreitag Ostern wurde, damit aus Tod Leben wurde. Was mit Jesus geschah, war der bittere Weg eines Menschen, der gegen den Tod anlebte und anhandelte und der sich auf diese Weise den Tod einhandelte. Zu Ostern wurde seine Art zu leben ins rechte Licht gerückt, wurde sein Leben ins Licht gehoben. Damit wir uns anstecken und umwenden lassen von seinem Geist. Damit aus Todesangst und Todesstarre Lebensmut und Lebenskraft werden.

136

Ich glaube, es ist an der Zeit, Ostern gegen die alles in die Tiefe reißende Macht des Karfreitag ins rechte Licht zu heben, das Leben gegen den Tod, das Gelingen gegen das Versagen, die Hoffnung gegen die Verzweiflung, die Liebe gegen den Haß. Es ist an der Zeit, Ostern ins rechte Licht zu rücken gegen die tägliche Schwarzmalerei. Sie steht uns Christ/innen schlecht zu Gesicht – uns, die wir vom auferstandenen Jesus Christus singen. Wer an den Tod glaubt, der handelt auch danach. Wir glauben nicht an den Tod. Wir glauben – den Tod vor Augen – an das Leben. Wir glauben an den Geist Jesu, den Geist des Lebens mitten in der Grube des Todes.

Hanna, die Frau aus grauer Vorzeit, hat dem Geist Gottes, dem Geist des Lebens vertraut. Sie hat neues, glückendes Leben gewonnen. Sie kann uns Mut dazu machen, dem Geist des Lebens zu vertrauen; dem Geist, der mit Ostern in diese Welt gekommen ist und der unseren Tod in ewiges Leben wenden wird.

Der Herr tötet und macht lebendig,
er stößt in die Grube und führt herauf.

Kurzandacht:
»Fürchte dich nicht«

Offenbarung 1,18

»Ich war tot, und siehe, ich bin lebendig von Ewigkeit zu Ewigkeit und habe die Schlüssel des Todes und der Hölle.«

Wer kann so sprechen, ich war tot und siehe, ich bin lebendig? Gewiß, es gibt Menschen, deren Herz zu schlagen aufhörte und die durch Reanimationsmaßnahmen wieder zu leben begonnen haben. Sie sind noch einmal dem Tod entrissen worden, sagen wir. Doch nur auf Zeit! Der Traum von Unsterblichkeit ist zwar uralt, aber in Wahrheit ist die menschliche Natur auf eine begrenzte Zeitspanne angelegt. 40 bis 50 mal können sich die Zellen im menschlichen Körper regenerieren, mehr nicht, sagen die Biologen. Der Mensch erfährt so seine Ohnmacht und erliegt ihr. Während er die Macht hat oder sich anmaßt, Leben unwiderruflich zu töten, ist er dem Tod gegenüber selber ohnmächtig. Erde bist du, Mensch, und zur Erde wirst du wieder werden. Gott weist ihn in die Schranken. Wie auch immer er sein Schicksal deuten mag, er muß sich mit ihm abfinden. Den Schlüssel zum Tod, also Macht über den Tod, ist ihm nicht gegeben trotz aller hochfahrenden Träume, trotz des erstaunlichen wissenschaftlichen Fortschrittes. Am Ende steht der Mensch da mit leeren Händen. Ist diese schöne Erde nichts weiter als ein riesiges Massengrab, in das Generation um Generation dahinsinkt?

Wir Menschen stehen an den Gräbern unserer Lieben und übergeben sie weinend und trauernd der Erde. Wir betten sie zur letzten Ruhe, wie wir sagen, und verbergen ihre Särge unter Unmengen von Blumen, den Symbolen des Lebens. Wir bleiben ratlos zurück. Die Gräber schließen sich vor uns wie eine Kammer. Wer vermag sie zu öffnen? Wer hat den Schlüssel dieser Tür? Wir spüren, daß wir an einer Grenze stehen, die wir nicht einen Millimeter zu überschreiten vermögen. Nur einmal, wenn wir selber diese Tür durchschreiten, die wir Tod nennen.

Was ist hinter dieser Tür? Unser forschender Verstand kann nur das Vergehen feststellen. Unsere irdischen Spuren verwischen sich. Mehr läßt sich nicht sagen. Eine trostlose Antwort. Der Tod nichtet uns, sagt ein Philosoph unseres Jahrhunderts. Hat er Recht? Dem Augenschein nach schon.

In unserem Wort der Heiligen Schrift tritt dem so Aufgeklärten der entgegen, der tot war und lebendig ist von Ewigkeit zu Ewigkeit, der der Erste und der Letzte ist. Er hält einen Schlüssel in der Hand. Er hat ihn dem Tod entrissen. Die Hölle, damit ist das Totenreich gemeint, ist nun nicht mehr verschlossen. Der in einer Vision zu Johannes spricht, ist kein anderer als der auferstandene Herr selber. Er hat dem Tod die Macht genommen, jubelt die österliche Gemeinde. Er lebt, und wir sollen auch leben! Der Tod ist verschlungen vom Sieg! Die Verschlossenheit im Tod ist aufgehoben, weil er den Schlüssel in Händen hält. Was bedeutet dieses Bild? Es bedeutet ein Zweifaches: Der Tod ist nicht das Ende, so radikal er auch das irdische Leben beendet. Aber zugleich gilt: Niemand kann sich der Macht dessen entziehen, der den Schlüssel hat. Niemand kann sich seiner Verantwortung für sein Leben entziehen in der Meinung, mit dem Tod sei alles aus. Das wäre sein letzter Irrtum. Und niemand ist schon allmächtig, der meint, Macht zu haben zu töten. Er entgeht seinem Richter nicht. Der Erste und der Letzte und der Lebendige, der von Ewigkeit zu Ewigkeit ist, ist ein anderer. Darum fürchte dich nicht! Wie tröstlich ist für Johannes diese Botschaft in seiner Verbannung auf der Insel Patmos, da er damit rechnen muß, nicht nur mundtot gemacht zu werden. So läßt er diese Botschaft die Gemeinden in Kleinasien wissen. Auch sie sind in Bedrängnis um ihres Glaubens willen, verfolgt und bedroht bis hin zum Martyrium durch einen Staat, der den Kaiserkult von ihnen erzwingen will. Wie schwer ist es da, getreu bis in den Tod zu sein und die Fahne nicht nach dem Wind zu hängen und Gott mehr zu gehorchen als den Menschen.

Zwar wird keiner von uns zur Verleugnung seines Glaubens gezwungen, dennoch ist der Glaube in Bedrängnis durch den Chor der Stimmen, die Gott leugnen und sagen, mit dem Tod sei alles aus. Der Apostel Paulus kennt diese Anfechtung des Glaubens, wenn er an die Christen in Korinth schreibt: wenn die

Toten nicht auferstehen – wenn mit dem Tod alles aus ist –, so ist auch Christus nicht auferstanden. Unsere Hoffnung auf Christus ist dann ein Selbstbetrug. Das müßt ihr euch vor Augen halten, sagt er, und schließt mit dem triumphierenden Satz: »Nun aber ist Christus auferstanden von den Toten als Erstling unter denen, die entschlafen sind!« Der Glaube an den auferstandenen Herrn und die Auferstehung der Toten ist entweder Selbstbetrug oder Wahrheit. Um nichts weniger geht es. Der Osterglaube ist auch keine rationale Abwägung zwischen Wahrscheinlichem und Unwahrscheinlichem. Der Augenschein spricht gegen den Glauben! Glaube ist vielmehr ein Ergriffensein von der Geistesgegenwart des auferstandenen Herrn selber, der uns anrührt mit seinem »Fürchte dich nicht! Ich bin der Erste und der Letzte und der Lebendige von Ewigkeit zu Ewigkeit. Ich habe die Schlüssel des Todes und der Hölle«. Der Glaubende antwortet: Ich bin gewiß, daß uns nichts scheiden kann von der Liebe Gottes, die in Jesus Christus erschienen ist, auch der Tod nicht.

Bibelarbeit: »Thomas – Mein Zwilling«

Johannes 20,24–29

Die Thomas-Perikope ist Teil einer neutestamentlichen Tradition, die den Zweifel von Jesusjüngern ausführlich thematisiert. Offenbar gab es also bereits in den Christengemeinden der ersten Generationen das Problem, daß auch Menschen innerhalb der Gemeinde die Auferstehungsbotschaft nicht ohne Vorbehalte hören konnten. Solche Erfahrungen verbinden uns Heutige mit der Gemeinde des Evangelisten Johannes und auch mit Thomas, dem Jünger Jesu. Die Erzählung ist überdies für die Leser und Leserinnen so offen, daß sie sich und ihre Glaubensgeschichte an vielen Stellen wiederentdecken können.

Zum Text

Der Jünger Thomas tritt nur im Johannes-Evangelium profiliert in Erscheinung (Joh 11,16; 14,5). Die christliche Tradition sieht ihn als späteren Missionar in Persien. Die »Thomas-Christen« in Indien, deren Gemeindegründung weit vor der europäischen Entdeckung Indiens stattfand, führen sich auf ihn zurück.

Der Beiname »Zwilling« leitet sich von der aramäischen Bedeutung des Namens (Thomas = Zwilling) ab. Dies scheint ein fester Namensteil geworden zu sein. Von seinem Zwillingsbruder oder einer Zwillingsschwester erfahren wir allerdings nichts.

Thomas gehörte fest zum Jüngerkreis. Deshalb ist es auffällig, daß er nicht anwesend war, als der auferstandene Herr den Jüngern das erste Mal begegnete. Wo war Thomas? War er geflohen? Oder hatte er sich in sich selbst zurückgezogen? Oder konnte er die anderen mit ihrer Trauer nicht ertragen? Unserer Phantasie sind keine Grenzen gesetzt! Und damit gibt uns der Text hier einen ersten Anknüpfungspunkt, um unsere eigene Glaubensgeschichte und unsere eigenen Glaubenshindernisse zu erinnern.

Eindeutig ist der theologische Grund für das Fehlen des Thomas: Wie alle Zeichen im Johannes-Evangelium, so geschieht auch dieses, damit »die Werke Gottes offenbar werden« (Joh 9,3).

Thomas kann dem Bericht der anderen Jünger keinen Glauben schenken. Auch dafür gibt es viele Deutungsmöglichkeiten, in denen sich die eigene Lebensgeschichte widerspiegeln kann: War Thomas noch von der Trauer um Jesus überwältigt? Oder war er ein prinzipiell pessimistischer Mensch, der nicht mit Wundern rechnete? Oder war er schlichtweg trotzig, weil die erste Erscheinung ohne ihn stattgefunden hatte?

Theologisch steht Thomas als Beispielfigur für alle, die die Botschaft von der Auferstehung »nur« aus dem Mund von Zeugen hören können. Er ist also ein »Typus« für alle Christenmenschen.

Die Bedingung, die Thomas stellt, ist steil und absolut formuliert. Damit wird deutlich: Es geht – insbesondere im Johannes-Evangelium und seiner Auseinandersetzung mit der Gnosis – um eine eindeutige Identifizierung des Erscheinenden als dem Gekreuzigten. Der Auferstandene ist derselbe, der als »Wort Gottes« in der Welt gegenwärtig war, der gekreuzigt und »erhöht« wurde, und der nun das »Licht der Welt« ist.

»Nach acht Tagen«, also nach einer Woche, wieder an einem Sonntag, kommt Christus erneut zu seinen Jüngern. Die Erwähnung der verschlossenen Tür unterstreicht nicht nur das Wunderbare dieser Erscheinung. Diese »Barriere« läßt sich auch deuten als ein Hinweis auf eine »innere Abgeschlossenheit«, die durch Angst und Zweifel hervorgerufen ist. Hier gibt der Evangelist einen weiteren Haftpunkt für die eigene (Un-)Glaubensgeschichte.

Jesus wiederholt den Wunsch, den Thomas äußerte, nahezu wörtlich – und er geht darauf ein. Er nimmt die Zweifel des Thomas ernst! In der Gemeinde Christi darf also auch Raum für Fragen und Unverständnis sein. Dies widerspricht manchen Traditionen, die Anfragen jeder Art fürchten und aus »Glaubensgründen« nicht zulassen wollen.

Thomas ist von der Erscheinung Jesu so überwältigt, daß er auf die Untersuchung der Wunden verzichtet und nur noch die Gegenwart des Auferstandenen anbeten kann. Thomas bekennt seinen Glauben, und es ist nun ein Glaube an die Gottheit Jesu, wie es die Titel »Herr« und »Gott« belegen. Das Thomas-Bekenntnis ist das letzte in einer langen Reihe von ausdrücklichen Bekenntnissen im Johannes-Evangelium. In ihnen wird Jesus öffentlich als der Gott erkannt, der er von Anfang an war.

Christus preist diejenigen selig, die nicht sehen und doch glauben. Dies sind die letzten Worte Jesu im ursprünglichen Johannes-Evangelium. Sie haben einen dreifachen Sinn:

V. 29 ist eine Mahnung an alle, die unablässig »Zeichen« fordern und davon ihren Glauben abhängig machen. Sie werden sich dadurch selbst den Weg versperren und ihre Erkenntnis Christi verhüllen. Hinter diesen Worten steckt zweitens eine Realitätsbeschreibung, profiliert durch den johanneischen Dualismus: Christus ist nicht Teil dieser Welt, des »kosmos«. Christus gehört zu Gottes Welt. Er muß daher »in dieser Welt« unsichtbar sein. Ein Mensch, der glaubt, sieht also paradoxerweise tiefer, als es seine Augen vermögen. Er versteht auch tiefer: Gerade weil er Christus nicht sehen kann, vertraut er ihm sein Leben an. Die Erscheinung vor Thomas ist die letzte Ausnahme in der großen »Ausnahme-Geschichte« der Fleischwerdung des Sohnes Gottes. Von nun an ist der Christus nie mehr sichtbar. Von nun an ist er ausschließlich im Glauben erkennbar.

Drittens ist V. 29 eine echte Seligpreisung, verwandt mit den Makarismen der Bergpredigt: Gottes Wirklichkeit wird gegen die Wirklichkeiten der Welt gestellt. Alle, die an Christus glauben, werden selig gepriesen. Sie sind wahrhaft glücklich zu nennen, ihr Leben gelingt, sie werden heil und sind »selig hier und dort«.

Das Ziel der Geschichte von der Begegnung des Thomas mit dem Auferstandenen ist diese Seligpreisung. Sie gilt bis heute allen Hörerinnen und Hörern der Frohen Botschaft: Wir werden heil, fröhlich, selig …, eben weil wir dieser Botschaft Glauben schenken.

Zur Gestaltung

Wer an einer Bibelarbeit zur Thomas-Geschichte teilnimmt, wird sich in vielem dem Thomas mit seinem Zweifel nahe fühlen und sich selbst in ihm wiederentdecken. Ziel der Bibelarbeit ist es, die Seligpreisung mit ihrer Verheißung laut werden zu lassen, damit sie die Teilnehmerinnen und Teilnehmer (TN) in ihrem Osterglauben stärkt.

Der folgende Entwurf für den Verlauf einer Bibelarbeit ist erfahrungs- und erlebnisorientiert. Er ist nach dem sogenannten »3-Phasen-Modell« aufgebaut. Im Anschluß daran sind Alternativen mit anderen Schwerpunkten vorgeschlagen.

1. Phase *(Annäherung)*:
»Thomas – mein Zwilling« Die TN werden in die Geschichte des Thomas »verwickelt« und haben Gelegenheit, auch ihre eigenen Zweifel zur Sprache zu bringen. Sie werden gebeten, in die Rolle des Zwillingsbruders bzw. der Zwillingsschwester von Thomas zu schlüpfen. In dieser »Rolle« können sie sich so intensiv mit dem Thomas identifizieren, wie sie es wollen.
Verlauf:
 – Die Verse 24+25 werden vorgelesen.
 – Die TN reagieren auf Thomas' Verhalten. Dies kann zunächst in einem Kleingruppengespräch (4–5 Personen) geschehen.
 – Im Plenum wird nun ein Gespräch mit Thomas »inszeniert«: Der Leiter/die Leiterin spielt den Thomas, die »Zwillinge« können ihm gegenüber ihre Zustimmung oder ihre Mißbilligung, ihre eigenen Fragen und Anworten äußern.

2. Phase *(Verstehen)*:
»Thomas – seine Geschichte« In der Textanalyse sollen die TN die Thomas-Geschichte mit ihren Einzelelementen, in ihrem Kontext des Johannes-Evangeliums und mit ihrem Zielpunkt erfassen.
Verlauf:
 – Die TN lesen Joh 20,24-29.
 – In Kleingruppen besprechen sie den Abschnitt unter drei Leitfragen: (1) Wie reagiert Thomas – und warum? (2) Wie reagiert Jesus – und warum? (3) Was ist Ihrer Meinung nach der wichtigste Satz?
 – Im anschließenden Plenumsgespräch wird thematisiert, daß Thomas als »Typus« für alle Christen und Christinnen steht und

warum Jesus seine Fragen zuläßt. Die dreifache Bedeutung von V. 29 wird herausgearbeitet.

3. Phase *(Mitnehmen):* »Ich – selig?!«
Im letzten Teil der Bibelarbeit wird die Seligpreisung mit ihrer Verheißung vertiefend aufgenommen. Die TN sollen sie für ihr alltägliches Leben und ihren eigenen Glauben hören. Wenn V. 29 verfremdend umformuliert wird, ist es leichter, ihn »neu« wahrzunehmen.
Verlauf:
– Auf einem Plakat ist zu lesen: »Du siehst nicht. Und du glaubst. Darum bist du selig!« Die TN werden gebeten, in einer längeren Zeit der Stille (10 Minuten!) diese Sätze zu bedenken. Sie wiederholen sie dabei ständig innerlich, »betrachten« Assoziationen und Störungen und kehren immer wieder zu diesen Sätzen zurück.
– Mit dem Nachbarn bzw. der Nachbarin tauschen sich die TN aus: Wo schmerzt mich diese Seligpreisung? Wo tut sie mir gut?
– Zum Abschluß des Abends kann »Thomas« noch einmal auftreten und die TN (die »makarioi«) zu ihrem Glauben und zu ihrer Gemeinschaft mit dem Auferstandenen beglückwünschen (»Dies war meine Geschichte. Das ist nun eure Geschichte. Ich gratuliere euch …«).
– Alternativ oder zusätzlich erhalten die TN ein Erinnerungszeichen: Auf einer Karte (evtl. mit einem Segensmotiv, z. B. Ernst Barlachs »Das Wiedersehen«) ist die Seligpreisung in ihrer alten oder neuen Formulierung aufgeschrieben. Die TN können einen Dank oder eine Bitte hinzufügen.

Weitere Möglichkeiten der Gestaltung

– Eine Vortragsbibelarbeit kann sich an dem Abschnitt »Zum Text« orientieren. Ein vertiefendes Nachgespräch kann mit Fragen eingeleitet werden, z. B.:
(1) Wo erkenne ich mich im Thomas wieder?
(2) Was sind Hindernisse für meinen Glauben?
(3) Kann ich die Seligpreisung als Verheißung an mich hören?

– Wer meditative Elemente in der Bibelarbeit bevorzugt, kann den Abend mit einer Imagination abschließen: Die TN reisen in ihrer Phantasie nach Jerusalem und werden Zeugen der Thomas-Geschichte. Sie dürfen zu Jesus gehen und mit ihm sprechen. Sie hören eine persönliche Seligpreisung.

– Eine »psychologische Auslegung« kann aufschlußreich sein und unentdeckte Aspekte der Thomas-Geschichte aufleuchten lassen. Eine gemeindenahe Methode in sechs Schritten hat Eugen Drewermann in »Tiefenpsychologie und Exegese«, Band I, auf den Seiten 383-387 beschrieben.

– Liedvorschläge: »Jesus lebt, mit ihm auch ich« (EG 115); Kanon »Der Herr ist auferstanden« (EG 118); »Gedenk an uns, o Herr« (EG 307); »Ich möcht', daß einer mit mir geht« (EG 209).

Was hat uns Ostern heute zu sagen?

Ein Gesprächsabend mit Erwachsenen zu 1. Korinther 15

1. Zur Situation

Unter der Überschrift »Was hat uns Ostern heute zu sagen?« wurde mit dem Frauenkreis unserer Gemeinde ein Gesprächsabend für die Passionszeit verabredet. Analog zu ähnlichen Abenden hätte es sich angeboten, über Sitten und Bräuche der Osterzeit in den Familien und in der Kirche zu reden. Es ist ja eine (Wieder-)Entdeckung österlichen Brauchtums zu beobachten. Im Osterspaziergang (schon bei Goethe) mit dem Eiersuchen für die Kinder wird das Frühlingserwachen »begangen«. Ostern ohne Sonne ist dann genauso wenig »richtig« Ostern, wie Weihnachten der Schnee nicht fehlen soll. Hinzu kommt, daß nach meiner Beobachtung das lange Wochenende – verbunden mit den dazugehörenden Ferien – inzwischen zunehmend zu einer – zweiten – Urlaubzeit wird. Schließlich entwickelt sich Ostern nach und neben Weihnachten zum zweiten Familiengeschenkfest. In all dem ist auch Christliches vorhanden. Aber es ist doch verborgen und an den Rand gedrängt. Das hängt sicher damit zusammen, daß die Auferstehung des Gekreuzigten nicht so anschaulich – und schon gar nicht stimmungsvoll – ist und in Szene gesetzt werden kann wie die Geburt. Darum möchte ich vom *Glauben* her fragen: Warum feiern wir Ostern? Welche Bedeutung hat Ostern für uns heute?

Dabei erwarte ich, daß mir die verschiedenen Formen der Ablehnung oder zumindest Relativierung der Auferstehungsbotschaft in unserer Zeit begegnen werden. Da sehe ich (1.) die direkte Ablehnung der Auferstehung, weil im Rahmen unserer naturwissenschaftlichen Weltsicht Auferstehung und Erscheinungen nicht erklärbar scheinen. Auch bei einem Zugeständnis gegenüber der Auferstehung Jesu bleibt sie (2.) vielfach ein Ereignis der Vergangenheit, dessen Bedeutung für uns heute nicht übertragen wird. Weit verbreitet ist auch die Interpretation der Auferstehung (3.) als Wiedergeburt oder (4.) als Weiterleben der Seele. Gegen die darin liegende Leugnung, daß der Tod tatsächlich das Ende aller menschlichen Möglichkeiten ist, und entgegen allen Selbstbehauptungsversuchen des Menschen soll betont werden, daß neues Leben nur von Gott kommen kann und durch Christus auch kommt.

2. Zum Text

Obwohl Kap. 15 eine Einheit bildet, ist es sinnvoll, nur die Verse 1–14 heranzuziehen. Das ist didaktisch erforderlich, weil im Rahmen einer Einzelveranstaltung unmöglich 1. Kor 15 als ganzes behandelt werden kann. Zugleich ist es auch exegetisch verantwortbar, weil in diesen Versen bereits in konzentrierter Form enthalten ist, was Paulus dann in den folgenden Versen ausführt. Wer detaillierte exegetische Informationen sucht – etwa zur Abgrenzung des Traditionsstückes, zu Paulus' Stellung zum leeren Grab, sei auf die einschlägigen Kommentare verwiesen. An dieser Stelle seien nur einzelne Aspekte hervorgehoben.

Mir fällt zunächst auf, daß Paulus kein Interesse an irgendwelchen Einzelheiten der Auferstehung und der Erscheinungen hat. Weder wird die Frage nach dem (leeren) Grab angesprochen noch geht er auch nur andeutungsweise darauf ein, wie denn die Erscheinungen vor sich gegangen sind. Auch sein eigenes Erlebnis wird von Paulus in keiner Weise beschrieben. Stattdessen betont er umso nachdrücklicher, daß sich für ihn selbst dadurch das Leben grundlegend geändert hat. Erst in den Versen 35 ff. wird dann die Frage nach dem Wie der Auferstehung aufgegriffen. Doch in der Gegenüberstellung von »irdisch« und »himmlisch« liegt eher ein Hinweis auf die Unanschaulichkeit des Vorgangs als eine wirkliche Erklärung. So finden hier Fragen, die in unserer naturwissenschaftlich geprägten Welt von großer Bedeutung sind, keine Antwort. Während wir geneigt sind, Dinge erst dann zu akzeptieren, wenn das »Wie« im Rahmen unserer Denkmöglichkeiten liegt, wird hier nur auf das »Was« und »Wozu« abgehoben.

Die Antwort darauf befindet sich in den von Paulus als Tradition übernommenen Versen 3b-5: »Christus starb für unsere Sünden nach den Schriften und wurde begraben; er ist auferstanden und erschien Kephas und danach den Zwölfen.«

Die Glieder »gestorben und begraben« und »auferstanden und erschienen« sind dabei aufeinander bezogen. Es geht um einen wirklichen, den ganzen Menschen betreffenden Tod und nicht um einen Scheintod, die Verwandlung eines Lebenden oder das Weiterleben der Seele. Der Tod ist das Ende des Lebens. In dem Auferstandenen erscheint das völlig Neue, allein von Gott gewirkte, in dem aber zugleich die Kontinuität gewahrt bleibt. Für Paulus ist eine Trennung von Leib und Seele nicht denkbar, das macht er mit seinen Gegensatzpaaren »natürlich – geistlich«, »verweslich – unverweslich« und »irdisch – himmlisch« (V. 35 ff.) deutlich. Tod und Auferstehung betreffen jeweils den ganzen Menschen: Das gilt für Christus und für uns. Das letzte wird dadurch hervorgehoben, daß auch einige der Auferstehungszeugen schon gestorben sind.

Damit wird ein weiterer Aspekt angesprochen: In der Begegnung mit Christus beginnt ein neues Leben – so hat es Paulus erfahren – und doch sterben noch Glaubende. »Daß Christus gestorben ist für unsere Sünden«, hat schon jetzt Auswirkungen auf das Leben, wenn auch erst in der Auferstehung der Toten in ganzer Fülle deutlich wird, daß dieser Tod uns zu gute geschehen ist. Die lebensverändernde Kraft geht von dem Auferstandenen jetzt schon aus, doch ist die Vollendung erst in Zukunft zu erwarten.

Die Auflistung der Zeugen (V. 5–7), die den Auferstandenen gesehen haben, dient zum einen als Beweis für die Auferstehung, zum anderen unterstreicht Paulus damit, daß er keine Sondermeinung vertritt, sondern sich in der Weitergabe dieser Formel einig weiß mit dem breiten Zeugnis der Christen und deren anerkannten Hauptvertretern Petrus und Jakobus. An dieser Aussage gibt es also nichts zu rütteln. Hier geht es um den Kern der von ihm verkündigten Heilsbotschaft. Eine Abweichung an diesem Punkt stellt den christlichen Glauben infrage. Und das gilt nicht nur für die Gemeinde in Korinth. Mit der Erinnerung an das, was uns verkündigt ist und uns selig macht, sind auch wir angesprochen (V. 1 f.).

3. Methodische Überlegungen

Auch wenn es um ein an der Bibel orientiertes Verständnis des Osterfestes geht, soll doch der Text methodisch nicht an erster Stelle stehen. Einsteigen möchte ich vielmehr mit den Einfällen und dem Vorwissen aus dem Teilnehmerinnenkreis. Hier hat die ganze Bandbreite von Osterbräuchen ebenso Platz, wie die christlichen Inhalte dieses Festes. Erst nachdem wir von daher auf das Ostergeschehen gekommen sind, wird der Text eingeführt und in einer weiteren Gesprächsrunde bedacht.

Wie die Auferstehung unseren unmittelbaren menschlichen Erfahrungshorizont übersteigt, so soll auch die Bedeutung von Ostern nicht allein im Gespräch, sondern durch Symbole / Zeichen erschlossen werden.

Dafür bieten sich an:

– Das *Kreuz,* da Ostern und die Auferstehung ohne den Kreuzestod am Karfreitag nicht möglich sind. Zugleich wird aber auch das Kreuz durch den Ostermorgen in ein neues Licht getaucht.

– Eine *Kerze*, denn Kerzen vergegenwärtigen uns in jedem Gottesdienst Jesus Christus als das »Licht der Welt«. Als Osterkerze, die in unserer Gemeinde als Jahreskerze im Oster(nachts)-gottesdienst erstmalig entzündet wird, bringt sie das Osterlicht in die Dunkelheit der Nacht der Gottesferne und ist so Zeichen für die aufgehende Sonne, das neue Licht des Ostermorgens.

– *Osterglocken*, die zwar zunächst Zeichen des Frühlings sind, die uns aber durch ihren deutenden Namen auch an das Auferstehungsgeläut erinnern.

4. Ablauf (und Erfahrung)

Als Zeitrahmen sind zwei Stunden gerechnet. Durchgeführt wurde der Gesprächsabend im Frauenkreis einer Dorfgemeinde.

An diesem Abend waren zehn Teilnehmerinnen zwischen Anfang dreißig und Ende sechzig anwesend.

Erster Schritt: Einleitung
Ich bitte die Teilnehmerinnen, ihre Einfälle zum Stichwort »Ostern« auf Karteikarten zu schreiben. Nach einer kurzen Denk- und Schreibpause werden die einzelnen Karten kurz vorgelesen und auf den Tisch gelegt. Dabei wird so ziemlich alles genannt: von den gefärbten und zu suchenden Eiern, über Osternachtsgottesdienst bis hin zu »Auferstehung« und »leeres Grab«.

Zweiter Schritt: Weiterführung I
Auf die Karten lege ich – zunächst ohne Kommentar – ein Holzkreuz. Aufgrund dieses stummen Impulses entwickelt sich sofort ein Gespräch. Dabei werden folgende Stichworte genannt: »Symbol für Tod und Auferstehung Jesu Christi«, »Ostern nicht ohne Karfreitag«, »Karfreitag nicht ohne Ostern«.
  Meine Stichworte für das Gespräch sind:
  – Ohne die Auferstehung / ohne Ostern gäbe es keine Christ(inn)en / keine Kirche. Hier geht es um das Zentrum unseres Glaubens.
  – Alles, was wir über Jesus wissen, ist durch Ostern beeinflußt. Ostern ist gewissermaßen die »Brille«, durch welche die Jünger / die ersten Christen alles wahrgenommen haben.
  – Wir haben keine neutralen Zeugen für die Auferstehung. In allen uns überlieferten Fällen weckt die Begegnung mit dem Auferstandenen Glauben.
  – Weihnachten hat erst später Bedeutung erlangt. Ostern ist das ursprünglichste, ist *das* christliche Fest.

Dritter Schritt: Weiterführung II
  – Neben das Kreuz stelle ich – ebenfalls als stummen Impuls –
  – einen Strauß Osterglocken in einem Krug und eine Kerze.
  – Im weitergehenden Gespräch wird von den Teilnehmerinnen schnell die frohmachende Bedeutung von Ostern benannt: »ein Licht, wo Dunkelheit ist«, »neues Leben, wo alles abgestorben war«.

Vierter Schritt: Biblische Rückbindung
– Jetzt verteil e ich ein Blatt mit dem Text 1. Kor 15,1–14.
– Nachdem der Text vorgelesen ist, ist Raum für spontane Äußerungen: – Was ärgert mich? (Ablehnung); – Was finde ich gut? (Zustimmung); – Wo habe ich Fragen?
– Als Information erzähle ich vom Streit mit den Korinthern um die Auferstehung.
– Wir sprechen über das leere Grab und die Erscheinungen. Noch ehe ich hier selber Stellung beziehen kann, wird – zumindest in den gemachten Äußerungen – von den Teilnehmerinnen festgestellt, das leere Grab sei ja gar nicht so wichtig. Wesentlich sei doch, daß das Leben der Jünger und auch mein Leben durch den Glauben an die Auferstehung beeinflußt wird. Die Frage nach unserer Auferstehung wird überraschenderweise nicht angeschnitten. Hier wäre ein Nachfragen denkbar, um den Relativierungen und Bestreitungen der Auferstehung bei uns auf die Spur zu kommen. In unserem Gespräch ist dies nicht geschehen.

Fünfter Schritt: Vergegenwärtigung
Als Abschluß und Bündelung des Gesagten habe ich die Geschichte: »Himmel auf Erden« (s. u.) vorgelesen. Je nach Zeit und vorherigem Verlauf kann sie auch Anlaß zum weiteren Gespräch sein oder ganz wegfallen.

Sechster Schritt: Abschluß
Alternativ oder auch ergänzend wäre es möglich, einen Bogen zum Beginn des Abends zu schlagen. Dies wäre denkbar, indem gegen Ende im Licht des Besprochenen die Frage gestellt wird: »Was bedeutet Ostern für mich heute?« Die Antworten könnten erneut auf Karten geschrieben, vorgelesen und nun auf das Kreuz gelegt werden. Erwarten würde ich dabei konkrete Erfahrungen von neuem Leben dort, wo vorher nach menschlichem Ermessen nur Tod zu erwarten war. Aber auch das Benennen der Ermutigung zum Leben, die von der Hoffnung auf unsere Auferstehung ausgeht. Das wären Erfahrungen von Ostern/Auferstehung heute.

5. Literatur

Lüdemann, Gerd: Die Auferstehung Jesu. Historie – Erfahrung – Theologie, Göttingen 1994;

Luz, Ulrich: Aufregung um die Auferstehung. Zum Auferstehungsbuch von G. Lüdemann, in: EvTh 54 Jg./1994, S. 476–482;

Conzelmann, Hans: Der erste Brief an die Korinther (MeyerK V), Göttingen 1969;

Wolff, Christian: Der erste Brief an die Korinther, Zweiter Teil, (ThHKNT 7/II), Berlin 1982.

6. Himmel auf Erden. Eine Geschichte

Die Quelle für diese Geschichte konnte ich leider nicht ausfindig machen, deshalb sei sie hier wiedergegeben:

Ein Mann wußte nicht so recht, wie es wohl sein würde, mit der Auferstehung. Er bat Gott, ihn das begreifen zu lehren. Gott hatte Verständnis für ihn und sagte ihm: »Du darfst das mit dem Himmel schon einmal hier auf der Erde ausprobieren. Erkläre einfach jedes Stückchen Erde, auf dem Menschen sind, mit denen du zusammen sein möchtest, zum Himmel!« Der Mann dachte, das müsse eigentlich ganz nett werden. Gerade da kam ihm ein Nachbar in den Weg. Als er ihn sah, fand er, das sei ein derart unausstehlicher Kerl. Mit dem wolle er ganz bestimmt nicht zusammen im Himmel sein. Als er durch die Straßen ging, ärgerte ihn der Lärm der Kinder. Von lauten Kindern sollte der Himmel freisein. Nun begann er zu träumen von fernen Ländern und fühlte sich fast schon im Paradies. Dummerweise fiel gerade jetzt sein Blick auf ein Plakat: »Die Dritte Welt braucht deine Hilfe!« – Helfen würde er, wenn er den Himmel einmal ausprobiert hatte, nicht jetzt. Not gehörte sowieso nicht in den Himmel. Während er sein zerstörtes Fernweh beklagte, stieß er fast mit einem Mann zusammen, dem man ansah, daß er Asylbewerber war. Die sollten schon in den Himmel, aber doch bitte in eine andere Abteilung. Nun, wenigstens seine Frau und seine Freunde würde er mit in den Himmel nehmen. Doch recht besehen, war er sich da auch gar nicht mehr so sicher. Als er schließlich überschlug, was ihm an Himmel geblieben war, sah er, daß es nicht mehr war als der Quadratmeter Boden, auf dem er gerade festsaß. Und er merkte mit Entsetzen, daß das die Hölle war. Da stand er auf, sagte seiner Frau ein gutes Wort und rief einen Kollegen an, der schon lange wartete, daß er sich um ihn kümmerte. Und als er aufstand, spürte er, daß Auferstehung etwas sehr Schönes sein müsse.

Meditative Texte

Thomas

Warum habt ihr den gescholten,
der Unbegreifliches begreifen wollte,
der seine Hände in die Wunden legen,
der fühlen wollte, daß das Geschundene
zu neuer Herrlichkeit berufen ist?

Ist Nachfragen Schwäche,
ist Wissenwollen verwerflich?
Haltes ihr es für Tugend,
Wunder fraglos hinzunehmen,
Unverstandenes zu glauben?

Es ist der Fragende,
der euch aufscheucht
aus den Federbetten des Glaubens.
Am Morgen sind die
Zweifler nicht beliebt.

Wovon können Narben überzeugen?

»Wenn ich nicht seine Nägelmale in den Händen sehe,
wenn ich meine Finger nicht in die Wunden lege,
den Schorf seines heiligen Blutes mit der Haut spüre,
so kann ich nicht glauben«, sagt Thomas.
Was können Narben beweisen?
Die Narben sagen:
Er ist es gestern und heute.

Die Narben der Helden sollen, so sagt man,
Zeugnis ablegen für Mut und Tapferkeit,
doch sie stehen auch für Pech und Schmerzen.
Die Narbe sagt nichts mehr vom Wehklagen
und vom Zorn auf sich selbst.

Die Narben sagen:
Noch einmal davongekommen.

Die Narben der Kranken sollen, so sagt man,
beweisen die Geduld, Leiden zu ertragen,
doch stehen sie auch für das Unvermögen der Ärzte.
Die Narbe sagt nichts mehr über die Notwendigkeit
und das Gelingen der Operation.
Die Narben betonen:
Überlebt und überstanden.

Die Narben des Auferstandenen, so frag ich,
tragen sie das Bewußtsein des Unrechts
hinüber in die andere Welt vor Gott?
Die Narbe sagt nichts anderes, als
die Narben betonen.
Es gibt ein Leben nach der Gewalt:
Diesen Gequälten hat Gott geliebt.

Eine Frage des Standpunktes

Wer von Jerusalem wegsieht
auf den Hügel von Golgatha,
wer das Judentum hinter sich lassen will,
der sieht, da er gen Westen sieht,
die Sonne untergehen.

Wer aber auf Golgatha sieht
und dahinter die Stadt Jerusalem
aufragen sieht mit all ihren Menschen,
der sieht hinter der Stadt im Osten
die eine Sonne aufgehn.

Osterpsalm
(der Osterpsalm 118,14–24 am Ende des 20. Jahrhunderts)

Meine ganze Macht – nichts als der Glaube,
der Glaube an einen Gott,

der seine Menschen verläßt
und dennoch ins Leben ruft.
Meine ganze Macht – ist nichts als ein Lied,
ein Lied an den fernen Gott,
der mit seinen Leuten stirbt
und neues Leben verschenkt:
Glaube und Lied – mehr bleibt nicht zum Heil.

Die Alten haben es erzählt
und haben vor Freude getanzt.
Doch schlossen sie ihre Augen,
die andere Bilder sehen mußten.
Worte wie Sieg und Macht
sind verklungen wie Gebete,
die doch keiner je vernommen.
Höhe und Tiefe sind endgültig eins,
und alles Endgültige ist vergangen.

Tod ist zu Leben geworden.
Um zu leben, werde ich sterben müssen
und immer wieder sterben.
Und sprechen werde ich von Unsagbarem,
das Unerhörte laut werden lassen.
Schwäche gebiert deine Stärke.
Ich hoffe nicht mehr gegen den Tod.

Tut mir auf die Tore der Gerechtigkeit!
Doch eure Lügen durchschaue ich.
»Jedem das Seine« heißt: alles euch,
mir aber bleibt das Nichts.
Mir aber bleibt alles, was zu Nichts fällt.
Eure Freiheit befreit niemanden,
sie fesselt euch alle mit Macht.
Mir aber bleibt die Weite des Nichts,
der Luftraum der Vergangenheit.

Die Tore des Paradieses bleiben geschlossen.
Die Cherubim hüten es mit deinem Wort.

Nicht begehre ich über Unwegsames zu gehen,
nicht über glühende Kohlen und schwankende Moore.
Solche Wunder überzeugen mich nicht mehr.
Ich will den Flug durch die dunklen Wolken.
Ich fordere von dir die heilsame Höllenfahrt.
Ich bin bereit, im Leben den Tod und im Tod das Leben
anzunehmen und auszuschlürfen.

Der Stein – verworfen:
Baukolonnen des Todes,
ihr habt euch geirrt.
Der Tod ist nicht erledigt.
Geadelt das Wertlose,
heilig gesprochen das Unreine.
Der Heile hat es selbst getan.

Das ist der Tag.
Dein Tag aus Abend und Morgen.
Ein neuer Tag,
wie der Eine ihn macht,
uns nach den Tränen zu freuen,
uns fröhlich zu machen nach dem Leid,
da wir auferstehen aus der Asche.

Meine Auferstehung

Wer wälzt mir den schweren Stein
vom Grab meiner Seele?
Er ist sehr groß.
Dort ist begraben der Inhalt meines Lebens,
die Enttäuschungen, meiner Hoffnungen.
  Schau genau hin,
  schau hin, sagt der Engel,
  der Deutebote:
  Da ist der Platz,
  da sind die Linnen:
  Er ist nicht hier.

Wer sagt mir, wo sie versteckten
den Sinn meines Lebens?
Ich hab's geliebt.
Es ist verborgen, was mich bestimmte,
was mir das Leben erschloß.
   Geh dahin zurück,
   dahin geh, sagt der Engel,
   der Deutebote:
   Wo du das Leben fandest,
   die Quelle, von der du nahmst,
   sie sprudelt weiter.

Wer läßt mich fühlen die Wunden,
die das Leben schlug?
Sie sind tödlich gewesen.
Daß zärtlich wiederkehre die Erinnerung
an den Schmerz des Verlustes.
   Leg den Finger hierher,
   begreife, wie du willst,
   die Deuteworte:
   Auferstanden ist er,
   den sie kreuzigten,
   er lebt für dich.

Wer reißt mich aus der Müdigkeit,
die in der Vergeblichkeit wächst?
Ich habe des Nachts gearbeitet
und stehe mit leeren Händen da,
da der Morgen der Welt graut.
   Wirf die Netze aus,
   tu es zur ungewohnten Seite,
   so sagt der Fremde.
   Es gibt ein reiches Leben
   jenseits der Verzweiflung.
   Komm und iß.

Zur Osterbotschaft

Werkbuch zum Evangelischen Gesangbuch

Herausgegeben im Auftrag der Evangelischen Kirche in Deutschland von Wolfgang Fischer, Dorothea Monninger und Rolf Schweizer

Dieses Werkbuch will Kirchenmusiker und Pfarrer mit dem neuen Evangelischen Gesangbuch vertraut machen. Jede Lieferung bietet grundsätzliche Überlegungen, praktische Hilfen und Notenbeispiele.

Sechs Lieferungen: jeweils ca. 120 Seiten, DIN A 4, Loseblatt gelocht.

Die Subskribenten (mit der Verpflichtung zur Abnahme der 6 Lieferungen des Werkbuchs) erhalten mit Lieferung I kostenfrei einen Ringbuchordner.

Lieferung III:
Passion – Ostern
1995. 106 Seiten, Loseblatt, gelocht
ISBN 3-525-50312-1

Aus dem Inhalt:
Passionsfrömmigkeit und österliche Spiritualität / Das Kanon-Singen – Ein methodischer Leitfaden / Liedpredigt / Lieder und Tänze zwischen Tod und Auferstehung / Ein österliches Singspiel / Kantoreipraxis / Ton-Spiele auf der Orgel / Kleine Liedkantate für die Gemeinde / Junktim-Satz für Bläser / Quodlibet-Sätze / Lieder – begleitet von Streichinstrumenten / Satz für Combo.

Michael Meyer
Die sieben Worte Jesu am Kreuz

Ausgelegt, gepredigt, weitergebetet und zum Nachklingen gebracht. (Dienst am Wort, 69). 1995. 160 Seiten, kartoniert
ISBN 3-525-59333-3

Anregungen für die Gestaltung von Gottesdiensten und Passionsandachten, für Bibelstunden und für den meditativen Umgang mit der Passion Jesu.

D. Martin Luthers Evangelienauslegung

Herausgegeben von Erwin Mülhaupt. 5 Bände Leinen. Vorzugspreis bei Gesamtbezug
ISBN 3-525-55621-7

Band 5: Die Passions- und Ostergeschichten aus allen vier Evangelien

4. Auflage 1970. 546 Seiten, Leinen
ISBN 3-525-55620-9

V&R
Vandenhoeck & Ruprecht